Global Trade,
Investment and Industry Monitoring Report 2022:

Coordinated Unilateralism under the Reconstruction
of Global Economic and Trade Governance System

2022 年全球贸易投资与产业运行监控报告

全球经贸治理体系重构中的"协调单边主义"

上海 WTO 事务咨询中心 / 著

上海人民出版社

序

当前,世界正处于百年未有之大变局。能否冷静观察,客观把握,从容应对这一百年未有之世界大变局,将是中国能否成功步入近代以来最好的发展时期的关键。

观察经济全球化发展和全球贸易投资治理规则体系的演变,一直是我们上海WTO事务咨询中心决策咨询工作的重要方向。2012年底,在《中美投资协定》启动实质性谈判之际,商务部和上海市政府以上海WTO事务咨询中心为平台,合作共建"全球贸易与投资研究咨询中心",并于2012—2014年间实施了题为"经济全球化新趋势下我国对外开放战略"的部市联合课题研究项目。

通过该项目的研究,我们观察到:由全球价值链革命推动的经济全球化在经历了近三十年高速拓展以后,在带动全球经济和贸易以前所未有的速度增长的同时,也带来了全球供应链和生产区域布局日趋失衡、全球化经济利益在不同国家之间的分配差距不断扩大,以及以世界贸易组织(WTO)为代表的全球多边贸易规则体系越来越难以适应经济全球化发展新趋势的严峻事实。

从2015年起,我们中心着手建设全球贸易投资与产业运行监控预警系统,监控全球贸易规则演变、贸易流量分布和产业布局之间的相互作用关系。与此同时,中心观察经济全球化发展趋势的关注点逐步从全球价值链革命转向全球贸易投资规则重构。2017年,美国特朗普政府以301调查为工具发动中美贸易摩擦,直接冲击WTO多边贸易规则体系。2020年拜登政府上台后,延续和强化了特朗普政府的贸易政策。于是,经济全球化所隐含的各种矛盾和冲突,在最近的五六年间突然集中爆发。

在过去的六年中——

我们观察到,在经历了长达三十年的经济全球化高潮以后,目前全球经济面临着以下三大内在矛盾:一是由跨国资本经济利益驱动的全球价值链分工急速扩展使全球供应链和生产区域布局严重失衡,这种失衡导致区域民族国家的政治利益与资本的全球化经济利益之间的冲突不断激化;二是互联网技术的快速进步,以及在全球范围内向经济和社会领域的广泛渗透,技术滥用与国家、社区、社群,甚至个人的社会冲突濒临失控;三是经济全球化急速扩展所推动的经济和贸易高速增长所带来地球资源无限制消耗,导致以气候和环境危机为标志的人类与其赖以生存的地球生命圈的根本冲突。

由此我们判断,当前世界百年未有之大变局实是上述三大冲突的集中反映,这种大变局进程将是长期的,使中国对外开放的国际环境充满着不确定性和风险。

我们也观察到,在以美国为首的西方国家内部,当前影响着经济全球化和贸易投资规则重构方向的实际上有三股力量:一是代表资本全球化经济利益的跨国公司力量,这股力量在不同程度上支持以自由贸易和自由投资为核心,以全球价值链分工效率最大化为导向的既往全球贸易投资规则体制;二是代表区域民族国家政治利益的国家政府力量,这股力量在不同程度上对全球多边贸易规则体系持怀疑态度,支持单边主义和贸易保护主义,倾向于实施各种竞争性产业政策和贸易政策;三是代表各种对经济全球化后果持反对立场的非政府社群力量。当前这类非政府社群组织的游说力量日益强大,对区域民族国家的政治决策和跨国企业经营决策获得越来越大的话语权,诸如气候、环境、种族、性别、劳工等议程与贸易挂钩已成为一种倾向。

由此我们判断,在今后很长的一段时期内,在上述三股影响经济全球化趋势的力量中,在区域民族国家政府和非政府社群这两股理念的夹击之下,代表资本全球化经济利益的跨国公司力量总体上将处于守势,现有包括数字、服务和货物在内的全球供应链和生产布局的调整将不可避免。

我们还观察到,在最近的五年时间里,从特朗普政府 2017 年 12 月启动美欧日三方协调机制,到 2020 年 9 月拜登政府正式启动美欧贸易技术委员会协调机制,再到 2022 年 5 月美国拜登政府正式宣布"印太经济框架",标志着以美国为首的西方国家协调推动全球贸易投资规则体系的行动框架已经基本形成。这一协调行动框架的基本特征为是:以单边主义为协调的前提,以意识形态为协调的边界,以地缘政治为协调的工具。我们把这种经济利益、意识形态和地缘政治交织在一起的以美国为首的西方国家协调推动全球贸易投资规则体系的行动框架称为**"协调单边主义"**。我们认为,协调单边主义的出现有其必然性,反映了在人类在应对全球供应链和生产布局失衡、数字经济发展鸿沟和治理裂痕、气候环境危机挑战的行动中，以美国为代表的资本主义市场经济体和以中国为代表的社会主义市场经济体两种不同的应对大变局的立场和行动模式这一基本事实。

由此我们判断，对以美国为首的西方的国家协调单边主义发展进程进行持续的监控，并密切关注其对全球供应链和生产布局的影响，对我国构建"以供给侧结构性改革为主线，加快构建以国内大循环为主体、国内国际双循环相互促进的新发展格局"有着极其重要的决策咨询实践意义。

即将出版的《2022年全球贸易投资与产业运行监控报告——全球经贸治理体系重构中的"协调单边主义"》，反映了我们中心全球贸易投资与产业运行监控预警工作团队自2015年以来对协调单边主义议程设置和行动框架形成过程进行持续跟踪观测的初步成果。在本报告的形成过程中，中心监控团队成员在思维范式上摆脱了传统经济和贸易理论的束缚，在观察方向上从相对稳定的全球多边贸易规则领域转向了浩如烟海、瞬息万变的主要经济体国内立法领域，在观察维度上从单一的经济贸易维度拓展到复杂的经济贸易、意识形态和地缘政治三者交错的复杂维度。这些挑战，使我们的团队成员在本报告撰写过程中所付出的精力远远超出撰写一篇学术论文甚至一部学术著作。

上海WTO事务咨询中心成立至今已22年。在这22年中，先后经历了入世过渡期中国对全球贸易投资治理规则体系的学习阶段，入世过渡期结束以后中国对全球贸易投资治理规则体系的适应阶段，现在又经历着中国参与全球贸易投资治理规则体系变革的新阶段。《2022年全球贸易投资与产业运行监控报告——全球经贸治理体系重构中的"协调单边主义"》的出版，显示了我们中心已经为中国迎接参与全球贸易投资治理规则体系变革新阶段做好了准备。

在本报告撰写进入正式定稿阶段的时候，正值新冠肺炎疫情突袭上海最为严峻的时期。在长达数月的居家办公期间，中心监控团队每周定期举行网络业务会议，汇总重要监控信息，形成基本监控判断，从未间断。我们中心从总裁、副总裁，到各部门主管，再到青年业务研究人员，克服疫情期间的种种困难，齐心协力，按时按质地完成了任务，抗击新冠肺炎疫情赋予了2022年监控年报的撰写工作以难以忘怀的特殊意义。

王新奎

2022年6月25日

目　　录

第一部分　供应链安全与弹性

第二部分　数字经济监管裂痕

第三部分　基础设施建设投资

第四部分　与贸易有关的环境和气候

第五部分　公平贸易与反补贴

第六部分　地缘政治与贸易

前　言

　　百年未有之大变局下的全球经贸格局已进入重塑时期。经历了长达三十年由全球价值链革命推动的经济全球化高潮现在正进入持续停滞阶段。经济全球化这一趋势性发展反映了西方世界内部区域民族国家的政治利益与资本的全球化经济利益之间的冲突,发达经济体与发展中经济体之间因全球化经济利益分配不平衡所导致的矛盾,以及不同所有制性质的市场经济体之间的竞争。在这一大背景下,以美国为首的发达经济体以"协调单边主义"方式推动全球经贸规则重构的潮流逐步形成。

　　发轫于20世纪90年代前后的全球价值链革命,是一场全球范围内国际分工深化取得突破性进展所引发的生产力大变革。这次生产力大变革重塑了全球的生产和贸易布局,推动了全球经济和贸易持续高速增长。1990—2010年间全球经济格局变化最重要特征是"新兴工业化国家"的出现。以2008年全球金融危机为界,从2010年开始,经济全球化的发展呈现出"停摆"的趋势,具体表现为全球价值链收缩、价值链由全球扩展转向区域集中,以及"本土主义"贸易保护措施的泛滥。发达国家与新兴工业化国家,特别是中美之间经贸关系结构性矛盾逐渐显现。2017年,美国基于301调查针对中国发起的大规模贸易摩擦标志着世界经济发展进入"再平衡"阶段。

　　伴随着世界经济"再平衡"进程,美国同步启动了对全球经贸规则的重构。WTO多边贸易规则体系是全球价值链革命和经济全球化高速扩张阶段的产物,在全球经济进入"再平衡"阶段以后,全球经贸规则重构已不太可能通过WTO多边谈判平台来实现。为应对全球经济"再平衡"和全球经贸规则重构,以美国为首的发达经济体的"协调单边主义"议程和行动框架逐步形成。"协调单边主义"是在全球经济"再平衡"的背景下,美国联合"志同道合"发达经济体所实施的通过协调各方国内单边立法与实践,统一各方对全球经贸规则重构立场的战略与做法。

　　"协调单边主义"的本质是单边主义,各发达经济体在单边措施实施过程中,开展与"志同道合"贸易伙伴或盟友之间的协调,且根据不同的议题选择不同的协调对象,通过国别的单边行动、协调的单边行动、选择性多边行动、竞争性区域行动等路径予以推进。①

　　自特朗普首次强调"美国优先",再到拜登政府推动"以工人利益为中心"的贸易政策,"协调单边主义"正式走上历史舞台。美国推动的"协调单边主义"的基本特征为:从基于经济效率的全球多边主义原则转向基于主权的国家安全原则;从基于竞争市场自由贸易原则转向强调政府干预的公平贸易原则;从基于普惠的多边或区域规则谈判原则转向国家间单边规则协调的原则。

　　在具体议题上,"协调单边主义"议程广泛囊括供应链安全与弹性、数字监管裂痕、基础设施建设投资、与贸易有关的环境与气候、公平贸易与补贴及地缘政治与贸易等领域。从 2008 年奥巴马政府加入 TPP 谈判,到 2022 年拜登政府启动印太经济框架的 14 年中,以美国为首,联合各主要发达经济体的"协调单边主义"全球经贸治理体系架构逐步展现在世人面前。

---

　　① 国别的单边行动是指美国、欧盟、日本等发达经济体所推动及实施的以重构全球经贸规则为目标的国内单边立法与实践。协调的单边行动是指美国、欧盟等发达经济体与志同道合的基于"共同价值观"的盟友两两协调,或者通过诸如七国集团等平台统一协调以重构全球经贸规则的行动与实践;选择性的多边行动则比上述两个范畴的外延要广泛,其是指美国及欧盟等发达经济体通过诸如 WTO、OECD、联合国及其他选择性的多边平台,联合盟友或非盟友进一步推动全球经贸规则重构的行动与实践。竞争性的区域行动是指美国及欧盟等发达经济体在全球特定区域,通过强化区域影响力的方式,引导及协调区域内经济体有序竞争而实现全球经贸规则重构的行动与实践。

摘　要

本报告重点呈现 2021 年以美国为首的发达经济体"协调单边主义"议程和具体的推进举措,及其今后的发展趋势和影响,主要包括以下六部分内容:

第一部分讨论"供应链安全与弹性"。2020 年以来,拜登政府不但承袭了特朗普时代"美国优先"("以美国工人为中心")的贸易政策设计理念,更进一步发展了与盟友间基于"共同价值观"的贸易政策协调与合作。

具体到全球供应链,美国以维护美国供应链的安全与弹性为出发点,构建全球供应链安全与弹性的协调阵营。当前,美国与欧盟等其他盟友正通过产业自查与评估、本土化、近岸化产业政策,以外资国家安全审查与出口管制等工具为依托,以实现强化供应链安全与弹性的目标。在国别的单边行动上,美国、欧盟及英国等发达经济体主要是通过加紧对关键产品和技术的全面审查、制定积极的产业本土化措施、强化及加严投资安全审查及出口管制制度,以实现关键产品与技术供应链的安全与弹性。在协调的单边行动方面,美国与欧盟逐步形成了以七国集团为核心、以美欧贸易和技术委员会为操作平台的供应链安全与弹性的"协调单边主义"合作范式。其特点是以"志同道合"的"共同价值观"盟友为基础,构建一个双方共同认可的常态化工作机制。在该框架下,双方日常持续的政策沟通、定期的会议评估都将常态化,并就供应链安全与弹性形成"可交付可操作"的政策成果和贸易工具。选择性多边行动主要包括二十国集团所达成的《供应链弹性原则声明》,其构建了以透明度、多样化、开放型和可预测性、安全及可持续性四个指标为核心的全球供应链关键支柱。

从 2021 年美欧"协调单边主义"主导下的供应链安全与弹性行动可以看出,以美国为首的西方发达经济体的全球供应链治理架构呈现出以下三大趋势。第一,多方联动,保障美欧等经济体自身供应链安全与弹性的协调单边阵营已形成。其重要特点表现为:协调领域广泛多样且"主次分明";协调方式灵活多样,形成以美欧贸易和技术委员会为范本的"协调单边主义"范式;协调工具的选择更为广泛,重点强调在原有贸易政策工具的基础上开发新工具应用。第二,美欧全球供应链布局本土化、近岸化及友岸化趋势进一步加强。第三,通过各种贸易政策工具,不断引导和施压美欧跨国公司进行以中国为主要平衡目标的全球供应链布局调整,已成为美欧全球供应链安全与弹性议程的长久实施态势。

第二部分讨论"数字经济监管"。随着新冠肺炎疫情对全球经济和供应链安全带来的影响,一方面,数字经济成为引领经济复苏的重要支柱;另一方面,传统的全球经贸规则体系却无法回应其发展对规则创制的迫切需求。

为了主导全球数字经济和贸易规则的创制,在国别的单边行动方面,美国主要加强自身立法,提升在数字基础设施、数字经济创新方面的竞争能力和影响力,同时限制中国企业和产品进入美国数字基础设施领域,并针对中国的数字监管模式设计相应的贸易工具加以抵制。欧盟通过制定数字平台、数字治理和数据共享领域的立法进一步增强其在全球数字规则领域的"布鲁塞尔"效应,为欧盟数字企业的发展争取更好的竞争环境;并通过"全球门户"战略,加强以价值观为原则的全球数字基础设施投资。

在协调的单边行动方面,美欧逐步形成了以七国集团为核心、以美欧贸易和技术委员会为范本的"协调单边主义"数字监管范式。其特点是强调以共同价值观为引领的可信数字生态体系,积极消除盟友内部的监管分歧,并设计贸易工具应对其在数字技术领域面临的共同挑战。

在选择性多边行动方面,随着二十国集团/经济合作与发展组织应对经济数字化税收挑战双支柱方案的达成,美欧缓解了数字服务税的争端;在竞争性区域行动方面,美欧以印太地区为核心竞争区域,分别通过美日印澳四方安全对话、印太经济框架、欧盟"印太战略"等提出了在数字基础设施、跨境数据流动规则、半导体供应链等领域与盟友合作的战略方案。

2021 年,全球数字治理体系呈现出以下趋势:第一,中美欧三大数字经济体分别形成了以国家安全优先、商业利益优先、个人隐私优先的三种不同的数字经济监管模式,并各自在全球范围内扩大影响力,全球数字监管裂痕将继续扩大;第二,美欧通过"协调单边主义"与中国在数字规则和技术领域"脱钩"的基调已经形成;第三,数字监控单边协调意识形态化倾向愈演愈烈。

第三部分讨论"基础设施建设投资"。以美国为首的西方经济体日渐加强的"协调单边主义"给全球基础设施投资增添了更多的不确定性与竞争。美国于

2021 年 6 月发起了"重建美好世界倡议",希望通过七国集团、与国际金融机构的合作等方式,从气候、健康安全、数字技术、性别公平等领域入手,实现其补充国内基建投资并在海外的基建项目上彰显美国全球领导力的目的。

欧盟于 2021 年 1 月发布了《互联互通和欧亚关系》决议,并于同年 12 月启动了"全球门户"战略。《互联互通和欧亚关系》决议拟通过联合国大会、亚欧会议和七国集团等平台来实施欧盟在基建领域的绿色过渡、数字转型、竞争和标准等战略目标。同时,该决议也重视欧洲与中国的合作。"全球门户"战略同样将通过七国集团平台、与有相同价值观的国家的合作等方式来提升欧盟在数字领域、气候和能源、交通运输、健康、教育和研究等方面的国际影响力。

日本向东盟提出了两项倡议——2021 年 5 月提出的"亚洲能源转型倡议"和 2022 年 1 月提出的"亚洲未来投资倡议",来促进东盟地区的能源转型、数字化创新,并希望东盟地区能成为全球供应链的中心。日本政府还计划通过七国集团、联合国等平台争取更多的国际合作机会,加大对日本自身的区域乃至国际影响力的宣传。

美欧日在全球基建领域的"协调单边主义"将对国际贸易产生长远影响。这些影响是多维度的:既涵盖了传统基建领域,也延伸到了新基建领域;既有传统的基建质量的衡量指标,也附加了价值观、环境保护等"软维度"方面的标准;既涉及世界不同区域的内部合作,又有对整个世界地缘政治格局的影响。

第四部分讨论"与贸易有关的环境和气候问题"。近年来,应对气候变化是全球关注的热点和重点。许多经济体为实现气候目标,正出台或调整其环境、工业政策,其中包括对进口碳密集产品收取调整费用的碳边境调节机制。该机制把气候问题与贸易关联起来,将改变贸易规则,影响碳密集产品的贸易。2021 年 7 月,欧盟已经发布了关于碳边境调节机制的立法提案,美国、加拿大、英国也同步在探索本国的碳边境调节机制。

除了上述各经济体在影响贸易的气候政策上各自的单边行动外,在国际层面,2021 年,以美欧为主的发达经济体还在气候议程上进行了更频繁的接触,主要表现为美欧主导的双边倡议以及以七国集团为核心平台的利益协调,涉及与气候相关的技术、能源、供应链、贸易政策合作等多方面内容,推动气候议程加速向国际经贸领域的延伸。

上述进程主要由美欧为主的发达国家推动并参与,表现出以单边措施为基础、以志同道合的贸易伙伴为对象的"协调单边主义"趋势。具体表现为:从国别的单边行动来看,部分国家正在或者试图将碳边境调节机制作为本国应对气候变化的新工具;从协调的单边行动看,气候领域的合作被不同程度的纳入美欧等与贸易伙伴的合作声明中,七国集团已成为发达国家处理气候合作问题的重要平台;从选择性多边行动看,2021 年,美欧极力推动气候议程在 WTO 及联合国气候变化框架公约缔约方大会这类多边平台取得进展。

第五部分讨论"公平贸易与反补贴问题"。长期以来,美国、欧盟等发达经济体认为政府财政资助等来自第三国的非市场导向政策和做法加剧了关键部门的严重过剩产能,扭曲正常市场环境,导致了不公平的竞争条件,影响了国际贸易的正常开展,而现有 WTO 补贴与反补贴规则体系无法解决他们的关注。因此,加强产业补贴的国际规制、制定更为严格的产业补贴规则成为美国本轮重构全球经贸规则的重点问题之一。2017 年底,美欧日三方发表联合声明,将反对支持产能扩张、扭曲市场的大额补贴作为共同目标,提出协作发展更严格的产业补贴规则,从而解决市场扭曲和产能过剩的问题,就此拉开了产业补贴领域国际经贸规则重构的序幕。此后美欧等分别通过国别单边和协调单边做法实质性推动了国际补贴与反补贴规则的扩展。从国别的单边行动来看,美欧采取措施的重点有所不同。美国首先着手解决长期以来备受国内各方关注的汇率低估问题,将其纳入反补贴调查范围,并且开始尝试在立法层面解决外国补贴和投资补贴等问题。欧盟则关注所谓的"外国补贴"问题,开始采用反补贴调查处理跨境补贴,并努力推出系统规则来规范投资等经济活动中的外国补贴行为。

虽然美欧当前各自对补贴问题的关注和着力点有所不同,但总体来说有共同的特征。首先,扩大可采取反补贴措施的范围,将汇率补贴、跨境补贴等并不在传统反补贴调查范围之内的补贴项目纳入调查。其次,将补贴规则从贸易领域向投资、金融等非贸易领域延伸,扩大了补贴规则的打击力度与效果。最后,美欧之间在具体应对手段上有相互借鉴的趋势。2021 年,美欧加快推进了这一进程,它们联合盟友或"志同道合者",利用 WTO 改革议程、七国集团领导人或贸易部长会议、美欧贸易和技术委员会等国际场合和双边机制协调彼此的立场、明确主要的实现途径,并计划通过钢铝部门产业协议的方式来落实具体的规制设想。

在"公平贸易与反补贴"议程下,美欧的"协调单边主义"行动有以下四个特征:第一,始终以非市场导向政策与做法为核心目标进行规则设计;第二,从原则性声明逐渐向具体可操作性的方案落地,实现路径以各自国内措施为主,力求快速有效;第三,强调盟友或"志同道合者"之间的集体方式解决关注,美欧等将力争在更为广泛的发达经济体之间就此问题上达成共识并采取行动,产生连锁示范效应。

第六部分讨论"地缘政治与贸易"。在当前全球供应链加快本土化、区域化和友岸化的情况下,地缘政治对全球贸易的影响力在日趋扩大。基于本国战略安全及利益需要,诸如美国、欧盟等发达经济体正逐步通过单边及竞争性区域行动,构筑一个以"特定价值观为基础"的本土化供应链/价值链网络,意图联合若干盟友或伙伴经济体,进一步发挥地缘政治联盟对贸易的影响作用,以达到维护自身利益、打击少数竞争对手之目的。其中,印太地区的相关外交与长远战略的调整成为重点,相关经贸安排意在制约中国在《区域全面经济伙伴关系协定》生效后进一步在地区发挥具有影响力的大国作用。在国别的单边行动上,美国及欧盟分别推出了《美国印太战略》《美国印太经济框架》及《欧盟印太合作战略》,三者均指出要支持自由开放的印太地区,并在涉及经贸内容上广泛涉及供应链安全与弹性、数字经济、环境与气候等议题,提及进一步与印太地区相关经济体的合作。在竞争性区域行动上,美国又逐步形成了美欧关于印太事务的高级别磋商会议、美日印澳四方安全对话机制以及美日韩三方会谈为核心的印太战略沟通平台,以进一步丰富印太地区经贸领域的繁荣与发展。

本报告认为,以美国为首的西方发达经济体的相关做法完全是以美国本土政治利益为出发点的,企图通过"协调单边"方式破坏之前运行多年及良好的多边贸易体系,建立符合自身利益、排他性的国际经贸规则格局,以限制发展中国家在全球经贸治理中的政策空间,并最终以此实现全球价值链、供应链的重塑,恢复并保持美国在全球竞争中的领导地位。

本报告认为,以美国为首的西方发达经济体在 2021 年度形成的"协调单边主义"六大议程将会对我国的对外开放的国际环境带来一系列持续的影响。

第一,"供应链的安全和弹性"议程目前是以美国为首的西方发达国家推进"协调单边主义"的重要目标之一。该议程的推进会使我国承受越来越大的全球供应链和生产布局的再平衡调整压力,但同时也将推动我国的对外开放模式发生一系列变革。

第二,"数字经济监管议程"的推进将不可避免地带来全球数字监管裂痕的扩大和意识形态化倾向。我国将在互联网和数据安全监管和数字经济和贸易对外开放之间探索出一条有中国特色的数字经济监管模式。这一探索将大大提高我国在全球数字经济和贸易治理规则体系创制中的话语权和主导权,对我国提升国际竞争力有长期的重要影响。

第三,"基础设施建设投资"议程的推进将对我国的"一带一路"倡议带来竞争效应。这一竞争效应将推动我国探索在全球供应链和生产布局面临重大调整的大背景下,不断探索实施"一带一路"倡议的新思路、新模式、新工具。全球基础设施建设投资领域的竞争将会不断提升我国"一带一路"倡议的全球影响力,并提供了与发达经济体合作的新的可能性。

第四,"与贸易有关的环境和气候问题"议程是我国与以美国为首的西方发达国家最具合作可能性的领域。对气候与贸易挂钩的协调单边主义做法,我国不宜简单地反对或抵制,应积极地参与与温室气体排放有关的各类技术标准制定和测试手段的技术开发。我国既是世界上最大的贸易体又是最大的温室气体排放源,应该在"与贸易有关的环境和气候问题"议程上有决定性的发言权。

第五,"公平贸易与反补贴问题"议程是一个专门针对我国设计的议程。这一议程不会仅限于单边和协调单边的范围,而且还会延伸到 WTO 改革等多边领域。我们应该看到,这一议程实际上是当前世界范围内以私有制为基础的资本主义市场经济模式与以公有制为基础的市场经济模式之间的既竞争又共存的集中表现。我们已经积累应对这一挑战的丰富经验,理应采取从容应对的姿态。

第六,"地缘政治与贸易"议程是一个十分复杂的问题,因为在该议程中经济贸易、意识形态、政治制度三者将不可避免地交集在一起。但从整体上来看,"地缘政治与贸易"议程本质上是"协调单边主义"的一种宣示方式。当前,除美欧贸易和技术委员会和美日韩三方协调机制以外,该议程在很大程度上与"全球供应链的安全和弹性"议程重叠。明确了这一认识,有利于我国找到有效的应对办法。

第一部分
供应链安全与弹性

内 容 摘 要

2021年美国拜登政府上台。拜登政府不但承袭了特朗普时代"以美国优先"("以工人为中心")的贸易政策理念，更进一步发展了与盟友间基于"共同价值观"的协调合作理念，以维护美国供应链安全和弹性为出发点，构建全球供应链安全与弹性的协调阵营。与欧盟等其他盟友一道，美国正通过产业自查与评估、本土化、近岸化产业政策，以外资国家安全审查与出口管制等工具为依托，实现供应链安全与弹性的既定目标。

在国别的单边行动上，美国、欧盟及英国等发达经济体主要是通过加紧对关键产品和技术的全面审查、制定积极的产业本土化措施、强化及加严投资安全审查及出口管制制度，以实现关键产品与技术供应链的安全与弹性。在协调的单边行动上，美国与欧盟逐步形成了以七国集团为核心、以美欧贸易和技术委员会为范本的供应链安全与弹性的"协调单边主义"合作范式。其特点是以"志同道合"的"共同价值观"盟友为基础，构建一个双方共同认可的常态化工作机制。在该框架下，双方日常持续的政策沟通、定期的会议评估都将常态化，并就供应链安全与弹性形成"可交付可操作"的政策成果和贸易工具。选择性多边行动主要包括二十国集团所达成的《供应链弹性原则声明》，其构建了以透明度、多样化、开放型和可预测性、安全及可持续性四个指标为核心的全球供应链关键支柱。

在上述背景下，我国也充分认识到强化供应链安全与弹性的重要性，积极采取各项措施，加强供应链创新与应用试点工作，增强产业链供应链自主可控能力，构建国际供应链合作体系，以加速形成以"国内大循环为主体、国内国际双循环相互促进"的新发展格局。

从2021年美欧"协调单边主义"主导下的供应链安全与弹性行动可以看出，以美国为首的西方发达经济体的全球供应链治理架构呈现出以下三大趋势。第一，多方联动，保障美欧等经济体自身供应链安全与弹性的协调单边阵营已形成。其重要特点表现为：协调领域广泛多样且"主次分明"，实现对中国的"精准脱钩"与美欧全球供应链领域的"精细划分"；协调方式灵活多样，形成以美欧贸易和技术委员会为范本的"协调单边主义"范式；协调工具的选择更为广泛，重点强调在原有贸易政策工具的基础上开发新工具应用。第二，美欧全球供应链布局本土化、近岸化及友岸化趋势进一步加强。第三，通过各种贸易政策工具，不断引导和施压美欧跨国公司进行以中国为主要平衡目标的全球供应链布局调整，已成为美欧全球供应链安全与弹性议程的长久实施态势。

近年来,全球价值链不断收缩,价值链的区域化、近岸化日益显著。①加之席卷全球的新冠肺炎疫情对全球供应链的冲击,供应链安全与弹性问题日益成为诸如美国等发达经济体进一步维护国家安全与全球竞争力的重中之重,同时其也作为遏制诸如中国等发展中经济体进一步在核心技术等领域进行全球跃升的重要工具与手段。

2021年,拜登政府上台。拜登政府不但承袭了特朗普时代"美国优先"("以工人为中心")的贸易政策理念,而且进一步发展了与盟友间基于"共同价值观"的协调合作基础,以维护美国供应链为出发点,构建全球供应链安全与弹性的协调阵营。美国与欧盟等其他盟友一道,正通过产业自查与评估、本土化、近岸化产业政策,以外资国家安全审查与出口管制等工具为依托,实现供应链安全与弹性的既定目标。

第一章　协调单边行动举措

第一节　国别(组织)的单边行动

一、美国

从特朗普政府到拜登政府,从"美国优先"(America First)到"重建美好世界"(Build Back Better World,B3W),国内的供应链安全与弹性问题始终是美国施政者发力的重中之重。这两届美国政府在供应链安全问题上都将中国在全球供应链中的影响视为对美国国家安全的威胁,拜登政府尤其强调美国的盟友都不应对中国在关键供给品方面存有依赖。②美国智库彼德森国际经济研究所(PIIE)研究员

---

① Mckinsey Global Institute, Globalization in transition: the Future of Trade and Global Value Chain. Jan., 2019.

② Biden Harris Democrats, The Biden Plan to Rebuild US Supply Chains and Ensure the US Does Not Face Future Shortages of Critical Equipment, https://joebiden.com/supplychains/.

更是在国会听证会上指出,供应链弹性意味着在供应链中提高透明度,做好库存管理,与可信伙伴一起实现供应链多元化,以及承诺在危机时刻快速行动并开展政策合作。①通过大量的行政令和法案,美国在近两年内,紧紧围绕关键产品与技术等在内的核心领域的供应链安全与弹性采取了一系列单边行动,主要体现在产业自查与评估、本土化措施、外资国家安全审查和出口管制等四个方面。

(一)产业自查与评估

早在特朗普政府时期,美国就关注到了信息和通信技术及服务(Information and Communications Technology and Services, ICTs)行业的供应链安全问题。特朗普在2019年5月颁布了关于确保信息和通信技术及服务供应链的安全的行政令②,后又宣布在信息和通信技术及服务供应链的国家紧急状态方面采取额外措施,以应对中国公司开发或控制的应用程序和其他软件构成的威胁。2021年1月14日,美国商务部根据这一行政令,发布了一项临时最终规则,规定了商务部用于识别、评估和处理涉及"外国对手"的信息通信技术交易规则,而中国即在首批6个"外国对手"之列。③

拜登政府上台后,进一步加紧对关键产品和技术的全面审查。2021年2月,拜登签署了一项行政命令④,要求联邦机构立即进行100天的审查,以解决四种关键产品供应链中的漏洞,这四种产品包括:半导体制造和先进封装;大容量电池,如电动汽车的电池;关键矿物和材料;以及药品和活性药物成分(API)。行政令还要求对更广泛的美国供应链进行更深入的一年期审查,从而为关键和重要产品建立更具弹性和安全性的供应链。2021年6月,美国公布了"百日审查"的主要结果⑤,确定了六个"关键产业基地"供应链部门,即国防产业基地、公共卫生和生物准备产业基地、信息和通信技术产业基地、能源部门产业基地、运输产业基地,以及农业商

① Chad P. Bown. Transatlantic Cooperation on Critical Supply Chain Security. Testimony before the House Committee on Foreign Affairs Subcommittee on Europe, Energy, the Environment and Cyber, Peterson Institute for International Economics Jan. 19, 2022.

② Executive Order on Securing the Information and Communications Technology and Services Supply Chain. E.O. 13873 of May 15, 2019.

③ Department of Commerce, Commerce Department Issues Interim Rule to Secure the ICTs Supply Chain, January 14, 2021, https://2017-2021.commerce.gov/news/press-releases/2021/01/commerce-department-issues-interim-rule-secure-icts-supply-chain.html.

④ Executive Order on America's Supply Chains, E.O. 14017, February 24, 2021.

⑤ White House, Building Resilient Supply Chains, Revitalizing American Manufacturing, and Fostering Broad-Based Growth: 100-Day Reviews under Executive Order 14017, June, 2021.

品和食品生产的供应链,并宣布将成立"贸易突击工作组",针对损害关键供应链的不公平外国贸易行为采取单边和多边执法行动。该工作组将涉及所有与贸易有关的联邦机构,初期的工作重点为百日审查报告中概述的四条关键产品供应链(即半导体、高容量电池、关键矿物和药品),以及与新冠肺炎疫情相关产品的供应链和光伏产品供应链上,后续将关注六个"关键产业基地"供应链部门。

"百日审查"虽已阶段性结束,但美国针对供应链安全的审查与评估还在继续,并有通过综合性法案进一步推进及深化的趋势。例如,在 2022 年 3 月,美国参议院对众议院通过的《2022 年美国竞争法案》①提出了修正,并形成了参议院版本的《2022 年美国竞争法案》②(参议院版本《法案》)。当中就包含了多项涉及供应链安全与弹性的内容。在产业审查与评估方面,参议院版本《法案》所包含的《无尽前沿法案》提出建立一个"供应链弹性项目"③。该项目将设立在美国商务部,使涉及关键供应链弹性的审查进一步机制化,以充分了解美国国内的关键供应链布局与物资储备情况,强化美国的应急预案能力。该项目要求在参议院版本《法案》生效后一年内继续对美国的关键供应链和物资储备进行审查,并发布相关报告,此后也将不定期开展审查。

另外,参议院版本《法案》还包含了《2021 年美国贸易法案》,该法案对《1974 年美国贸易法》增补了关于确保关键供应链韧性的内容④。该项增补内容主要包括:建立由美国贸易代表牵头的"美国关键供给品贸易委员会",识别关键供给品,对美国涉及关键供给品的进出口贸易流量进行监测,发动全政府的力量确保美国从可靠贸易伙伴处获得稳定的关键物资来源;同时识别不可靠的贸易伙伴,并向私营部门警示相关风险。该委员会还应当在参议院版本《法案》发布后的一年内向国会提交相关关键供给品贸易的情况报告,且在此后的九年中每三年就要做一次报告。此外,参议院版本《法案》还将建立一个在线的供应链数据库,以收集美国企业生产的产品情况和所采用的原材料来源,以促进公私部门信息共享,了解各个行业的供应链布局情况,并定期发布相关数据报告。

---

① America COMPETES Act of 2022, H.R. 4521, Jan. 25, 2022.

② U.S. Senate Amendment to H.R. 4521-America COMPETES Act of 2022, Mar. 28, 2022.

③ Section. 2505, Supply Chain Resilience Program, Division B-Endless Frontier Act, U.S. Senate Amendment to H.R. 4521-America COMPETES Act of 2022, March 28, 2022.

④ Title Ⅱ-Ensuring Resiliency In Critical Supply Chains, Division G-Trade Act of 2021, U.S. Senate Amendment to H.R. 4521-America COMPETES Act of 2022, Mar. 28, 2022.

专栏 1-1

《2022 年美国竞争法案》参议院修正案关注半导体供应链韧性与安全

《2022 年美国竞争法案》参议院修正案涵盖了科学研究、经济竞争力等诸多方面。其主要内容包括:旨在促进美国半导体制造业的大规模投资;要求联邦政府在网络安全、国防采购和通货膨胀方面采取措施;修改国土安全部的活动,包括要求某些采购的国内来源;重新授权、建立和修改科学技术政策办公室、能源部和其他联邦研究机构的科学研究项目;交通和基础设施项目,包括针对持续经济困难地区的试点项目及以科学、技术、工程和数学为重点的教育和劳动力计划等。该修正案还涉及外交、安全以及其他外交关系等问题。与 2021 年美国参议院提出的《2021 年美国创新与竞争法案》的重点一致,《2022 年美国竞争法案》参议院修正案的亮点是聚焦半导体、5G 等重点领域,旨在加强产业政策的支持力度。针对美国半导体制造,该法案将为其提供高达 527 亿美元的投资,并另外拨款 450 亿美元及 1 600 亿美元用于改善半导体产业供应链和科研创新。

《2022 年美国竞争法案》参议院修正案中涉及半导体行业的核心内容被安排在"建立美国半导体生产激励基金"部分,要求建立三个基金,涉及 500 多亿美元的投资拨款方案。修正案明确,拨款 502 亿美元创立美国半导体生产激励基金、拨款 20 亿美元设立满足美国防部对芯片研发、生产、测试等特殊需求的专项国防基金,另拨款 5 亿美元设立美国芯片国际技术安全与创新基金。在未来 5 年内拨款共计 527 亿美元促进美国私有企业投入半导体制造和研发,分别用以激励美国本地设施投资,支持国防部和情报界特殊需求的研发与开发,以及提供国际信息和通信安全以及加强半导体供应链的活动。其中,《2022 年美国竞争法案》参议院修正案明确提出拨款 20 亿美元补助具有技术成熟的制造、组装、测试和封装半导体产品的设施,在给予补助时重点考虑为半导体生产线的弹性提供支持的企业等。

(二)产业本土化措施

在进行严密的产业自查的同时,美国也正在加大对国内制造业的支持力度,从而达到强化国内供应链安全与弹性的目的。拜登在上任的第一周就签署了《确保未来由所有美国工人在全美制造》的行政令①,发起了一项全政府倡议,计划通过

---

① Executive Order on Ensuring the Future Is Made in All of America by All of America's Workers. E.O. 14005 of Jan. 25,2021.

联邦采购来支持美国制造业。2021 年 4 月,美国设立了新的美国制造办公室(Made in America Office),该办公室负责审查对"美国制造"法律的拟议豁免,并帮助各机构利用税收来支持美国制造业。2022 年 3 月,白宫发表了一则题为《拜登—哈里斯政府兑现"在美制造"承诺》的情况说明①,说明包含三方面内容:强化美国国内投资的成果、更新《购买美国货法案》以及"在美制造"政策过去一年的成果。根据《购买美国货法案》的更新法案,联邦政府每年用于购买商品和服务的费用将超过 6 000 亿美元。更新内容包括以下两点。

● 将联邦采购的国内含量门槛最终提高到 75%。这一门槛将采取分段提高的路径,2022 年为 60%,2024 年为 65%,最终在 2029 年达到 75%。②

● 以新的优惠偏向加强关键货物的国内供应链。在 2022 年 3 月发布的首个一年期产业基地审查的基础上,新规则建立了一个框架,允许政府继续制定相应规则,将更大的优惠偏向适用于指定的关键产品和部件。这些优惠措施一旦到位,将为美国国内生产的关键产品提供稳定的需求来源,支持关键产品国内供应链的发展。

与《购买美国货法案》更新内容同步发布的还有拜登政府"在美制造"政策在2021 年取得的主要成果,成果反映了美国政府调动大量联邦资金用以支持国内制造业,例如为美国海军陆战队向一家美国服装制造企业采购 4 600 万美元的"在美制造"服装。

此外,美国政府在 2021 年也积极鼓励龙头跨国企业强化美国国内投资,主要成果包括:西门子将投资 5 400 万美元扩大国内生产,并创造 300 个就业机会,制造关键的电气基础设施;通用汽车公司宣布其有史以来最大的 70 亿美元投资,在密歇根州各地的工厂创造 4 000 个新的电动车制造工作;波音公司和卡塔尔航空集团宣布了一项 200 亿美元的交易,包括 68 亿美元的飞机供应,其将支持数以万计的美国制造业工作;经营美国唯一的稀土矿的 MP 材料公司宣布投资 7 亿美元,到

---

① Fact Sheet: Biden-Harris Administration Delivers on Made in America Commitments, Mar. 4, 2022. https://www.whitehouse.gov/briefing-room/statements-releases/2022/03/04/fact-sheet-biden-harris-administration-delivers-on-made-in-america-commitments/.

② 值得注意的是,2022 年 3 月 14 日,欧盟委员会、欧洲议会和欧盟理事会就建立欧盟国际采购工具达成非正式协议。该工具将引入若干措施,限制来自未向欧盟公司提供对等机会的非欧盟国家的公司获得公开采购招标的机会,实现受保护的市场向欧盟运营商、货物和服务开放的目的。这一做法与美国提高政府采购国内含量门槛的目的相似,意味着美欧都在政府采购上采取了绕开 WTO 的单边主义做法。参见 European Parliament, International Public Procurement Instrument: New Tool to Support EU Firms, press release, Mar. 14, 2022。

2025 年建立完整的本土端到端永久磁铁供应链,这些磁铁将被用于电动汽车发动机、风力涡轮机和国防系统。

同时,美国也在 2021 年新近推进的综合性法案及其他相关领域进一步加强其产业本土化措施。一方面,《2021 年战略竞争法案》提出帮助美国公司实现全球供应链多元化布局,重点在于支持美国企业退出中国或实现远离中国的供应链布局多样化。①该计划将从 2022 财年到 2027 财年,每年拨款 1 500 万美元用以采购相关专业服务,支持美国公司从中国市场退出或将生产设施移出中国,扩大原材料来源的多样性,寻求中国以外的替代市场或来源。同时,该计划还强调美国不应独自努力将供应链移出中国,而应与欧盟共同努力,以"协调联合战略,使供应链的来源多样化并远离中国"。另一方面,拜登政府延续特朗普政府有关 232 钢铝供应链与国家安全战略,进一步提升产业本土化措施。2021 年 10 月至 2022 年 3 月间,美国又分别与欧盟、日本和英国达成协议,以关税配额方式取代此前对欧盟及英国的钢铁和铝产品、对日本钢铁产品实施的加征关税措施。②

(三)投资安全审查制度

投资安全审查制度是美国近年来用以维护供应链安全与弹性的一项重要工具。美国一方面通过对外国在美投资所涉及的"新兴、基础性先进技术"的外延进行扩展,另一方面又通过构建对外投资安全审查机制达到维护供应链安全与弹性的目的。

就前者而言,早在 2018 年 8 月,美国国会通过的《2018 年外国投资风险审查现代化法》(Foreign Investment Risk Review Modernization Act,FIRRMA)③就新增了对投资美国新兴的、基础性先进技术领域的监管。与《2018 年外国投资风险审查现代法》同步发布的还有《出口管制改革法》(Export Control Reform Act,ECRA)。实施这两项法案的关键环节是确定一份"新兴和基础性"技术清单,以明确改革外国直接投资和获取美国敏感技术的审查范围,以及出口管控的范围。为落实 FIRRMA 相关规定,2020 年 1 月,美国财政部发布了《有关外国人在美国进

---

① Section. 3101, Division C-Authorization to Assist United States Companies with Global Supply Chain Diversification and Management, Strategic Competition Act of 2021, S.1169, 2021.

② 详见 https://www.commerce.gov/news/press-releases/2021/10/raimondo-tai-statements-232-tariff-agreements;https://www.commerce.gov/news/press-releases/2022/02/raimondo-tai-statements-232-tariff-agreement-japan;https://www.commerce.gov/sites/default/files/2022-03/UK232-US-Statement.pdf。

③ Title XVII-Review of Foreign Investment and Export Controls, John S. McCain National Defense Authorization Act for Fiscal Year 2019, H.R. 5515, 2019.

行特定投资的规定的最终规则》①,将美国外国投资委员会(CFIUS)对外国投资的审查范围进一步扩大至涉及关键技术、关键基础设施或敏感个人数据的美国企业相关交易。同时,为适应不断变化和涌现的技术发展潮流,也为避免审查范围逐步僵化,有关《外国人在美国进行特定投资的规定的最终规则》并无列明关键技术的完整清单,而是根据商务部出口管制技术清单来定义关键技术的范围。相关关键技术范围主要包括:(1)美国军需品清单(USML);(2)商业管制清单(CCL);(3)ECRA 识别和管制的新兴与基础技术,等等。而后,在 2022 年 2 月 8 日,白宫发布了一份更新版的《关键和新兴技术清单》②("CET 清单"),确定了可能对美国国家安全至关重要的关键和新兴技术领域,反映了美国政府各机构对更新关键和新兴技术的共识,对于 CFIUS 的审查有重要的参考意义。该份 CET 清单以 2020 年 10 月发布的《关键和新兴技术国家战略》③为基础,介绍了美国为保持全球领导力而列出的 20 项"关键与新兴技术"④,并提出两大战略支柱:促进美国国家安全创新基础,以及保持美国在关键技术领域的国际领导地位。

就后者而言,美国众议院版本的《2022 年美国竞争法案》则通过纳入一个国家关键能力审查机制,在进一步扩大外国在美投资审查的基础上拟建立一项美国对外投资安全审查机制,以解决对外投资所带来的关键能力领域供应链安全与弹性问题。⑤该工具旨在防止美国关键能力领域的生产、研发和制造布局转移至竞争对手国或非市场经济国家;计划构建一个由美国贸易谈判代表领导的跨机构委员会,审查国家关键能力领域"转移或迁移"至外国竞争对手或非市场经济国家的相关"涵盖交易",判断相关"交易"是否最终对美国的关键能力构成威胁。同时,该机制首次系统性明确了"国家关键能力"的内涵与外延,将"国家关键能力"界定为"对美国国家安全至关重要的实体及虚拟系统和资产",并设定了高中低三个层次的供应

---

① Department of Treasury, Provisions Pertaining to Certain Investments in the United States by Foreign Persons,Jan. 17, 2020.

② White House, Critical and Emerging Technologies List Update,Feb. 28, 2022.

③ White House, National Strategy for Critical and Emerging Technology,Oct. 15,2020.

④ 新清单列出的 20 项 CET 包括:高级计算、先进工程材料、先进的燃气轮机发动机技术、先进制造、先进的网络传感和签名管理、先进核能技术、人工智能、自主系统和机器人、生物技术、通信和网络技术、定向能技术、金融科技、人机界面、超音速、联网传感器和传感技术、量子信息技术、可再生能源开采和储存技术、半导体和微电子、空间技术。此外,新清单对每一个技术领域做出了详细划分,如将高级计算领域分为超级计算、边缘计算、云计算、数据存储、计算架构、数据处理和分析技术等。

⑤ Title IV-National Critical Capabilities Reviews,Division K-Matters Relating To Trade,America COMPETES Act of 2022,H.R. 4521,Jan. 25,2022.

链敏感度,以对相关"涵盖交易"的危害程度做出判断。[①]

（四）出口管制

除投资安全审查制度外,出口管制措施是美国近年来用以维护供应链安全与弹性的另一项重要工具。美国的两用物出口管制规则体系[②]主要由 1979 年出台的《出口管制条例》[③]（Export Administration Regulation，EAR）和 2018 年的《出口管制改革法案》[④]构成。在此框架下,美国的两用物出口管制法律体系十分繁杂,由"重点管制""全面管制"与"管制排除"规则明确了物项的管制范围,通过许可证制度与许可例外的形式对物项进行管制,并且通过国家清单及国家分组限制出口目的国,通过实体清单对于出口的交易对象进行管制。近年来,美国泛化国家安全概念,频繁地对于诸如中国等经济体采取出口管制措施。2021 年度,美国在出口管制领域延续了以往的规则体系及国家安全泛化趋势,扩大了出口管制的范围,加强对于新兴技术的出口管制,频繁以人权为事由将大批中国实体列入实体清单,以确保其供应链安全及弹性。

1. 新兴技术的出口管制

2021 年度,美国继续加强对于关键技术和新兴技术的出口管制。其中,半导体、航空航天、生物科技等行业是美国当前出口管制尤其是对华出口管制的重点行业。就半导体行业而言,自美国于 2019 年将华为公司及其 68 家关联公司加入实体清单后,就频繁关注中国半导体企业。在 2021 年,美国又大批量地将从事半导体开发或制造或者依赖受《出口管制条例》管辖的半导体产品或设备的中国企业列入实体清单。此外,2021 年,美国对于与华为公司有关的出口开展了执法活动。[⑤]

2. 综合性法案中的出口管制

2021 年度,美国出台两个综合性法案,以加强出口管制。

[①]　完全布局在美国盟友内的供应链具有最低程度的敏感性;部分布局在该机制重点关注国家或该国家的企业,但可在别处找到等量替代品的供应链具有中等程度的敏感性;而完全布局在该机制重点关注国家或该国家的企业,且无法在别处找到等量替代品的供应链具有最高程度的敏感性。

[②]　美国出口管制体系包含军用以及军民两用物项出口管制,而军民两用物项的出口管制会涉及供应链安全与弹性,因此这部分讨论的出口管制为两用物项出口管制。

[③]　Export Administration Regulations，15 Code of Federal Regulations Subchapter C.

[④]　Title XVII-Review of Foreign Investment and Export Controls，John S. McCain National Defense Authorization Act for Fiscal Year 2019，H.R. 5515，2019.

[⑤]　任清、程爽、霍凝馨:《美国出口管制年度回顾与展望》,2022 年 1 月 29 日,https://www.ctils.com/articles/4284。

● 2021 年 4 月，美国参议院发布《2021 年美国战略竞争法案》①，加严了对于中国出口管制的具体执行，其要求监控中国利用香港来规避美国出口管制。

● 2021 年 5 月，美国参议院发布《2021 年美国创新与竞争力法案》②，其中提到将对于关键物项或技术进行审查和出口管制，主要针对与侵犯人权有关的物项或技术的出口管制，具体包括审查或社会控制；监视、拦截或限制通信；监控或限制访问或使用互联网；通过面部或语音识别或生物识别指标识别个人；DNA 测序等物项或技术。《2021 年美国创新与竞争力法案》还提及应对这些可能侵犯人权的关键物项的出口、再出口或国内转移实施最终用途和最终用户的管制。③

3. 频繁地将中国实体加入实体清单

美国的出口管制制度对于交易对象的管制主要采取实体清单的方式。美国商务部会将威胁美国国家安全的实体列入实体清单中，并且会不定期更新实体清单。向其列入实体清单的实体出口受《出口管制条例》管辖的物项需申请许可证，并且其对应的许可证审查政策为针对所有受管辖物项的推定拒绝。2021 年度，美国产业安全局(Bureau of Industry and Security, BIS)主要分 6 次将共计 82 个中国公司、科研机构等实体加入实体清单，主要涉及半导体、计算机、生物技术、光伏等行业。

● 2021 年 1 月，BIS 以南海问题为由，将中国海洋石油集团有限公司(China National Offshore Oil Corporation Ltd.)列入实体清单。

● 2021 年 4 月，BIS 以支持中国军方等理由，将 7 家中国超级计算机实体列入实体清单。

● 2021 年 6 月，BIS 将 5 家中国新疆企业纳入实体清单，理由是这些企业实施所谓强迫劳动、侵犯人权、违反美国外交利益。

● 2021 年 7 月，BIS 以支持中国军方为由，将 4 家中国实体列入实体清单；以未经许可向 SDN 出口受《出口管制条例》管辖物项为由，将 3 家中国实体和 1 名中国个人列入实体清单；以与新疆所谓侵犯人权行动有牵连为由，将 14 家中国实体列入实体清单；以可能为未经许可的军事最终用途获取美国原产物项为由，将 1 家中国实体列入实体清单。④

---

① Strategic Competition Act of 2021，S.1169，2021.

②③ United States Innovation and Competition Act of 2021，S.1260，2021.

④ Industry and Security Bureau, Addition of Certain Entities to the Entity List; Revision of Existing Entry on the Entity List; Removal of Entity from the Unverified List; and Addition of Entity to the Military End-User (MEU) List, Jun. 12, 2021.

● 2021 年 11 月,BIS 以向伊朗军事和航天项目、朝鲜的壳公司以及中国政府和国防行业下属实体销售美国技术为由,将 1 家中国实体列入实体清单;以支持中国军方为由,将 5 家中国实体列入实体清单;以获取美国原产物项以支持军用为由,将 3 家中国实体列入实体清单;以支持巴基斯坦核活动为由,将 3 家中国实体列入实体清单。

● 2021 年 12 月,BIS 以利用生物技术工艺支持中国军事最终用途和用户为由,将 12 家中国实体列入实体清单;以支持中国军事现代化为由,将 8 家中国实体列入实体清单;以获取美国原产物项以支持中国军方为由,将 5 家中国实体列入实体清单;以向 SDN 提供可能支持伊朗的常规武器和导弹计划的美国原产物项为由,将 3 家中国实体列入实体清单;以向伊朗提供被用于伊朗国防工业的美国原产物项为由,将 6 家中国实体列入实体清单。

二、欧盟

在特朗普政府时期,美国频频与传统西方盟友产生摩擦。拜登政府上台后,美欧关系有所修复,但新冠肺炎疫情的冲击让欧洲深刻意识到战略自主的重要性,尤其是在关键产品与技术领域的依赖性会成为制约欧盟安全与发展的重要瓶颈。因此,欧盟在关键产品与技术领域也开启了一系列供应链审查与行动,其路径也与美国存在相似之处,包括严密的产业审查与评估、强化供应链联盟与建设、强化外资安全审查及收紧出口管制等。

(一)产业审查与评估

为促进欧盟在疫情后的经济复苏并加强其开放的战略自主权,欧盟在 2021 年更新的《欧盟新工业战略》中附上了《欧盟战略依赖与能力报告》①,为欧盟内部严密的产业自查拉开序幕。《欧盟战略依赖与能力报告》对 5 000 多种产品的供应链进行分析,指出欧盟使用的 137 种关键产品(占欧盟商品总进口价值的 6%)中,约有一半依赖自其他国家进口,这些产品主要是原材料、药品和其他对欧盟的绿色和数字化目标至关重要的产品。此外,《欧盟战略依赖与能力报告》对欧盟面临依赖的六个战略领域进行了第一阶段的深入审查,包括原材料、电池、活性药物成分(API)、清洁氢、半导体及云和边缘计算技术。报告指出,需加强措施解决这些领域的战略依赖性问题,例如现有的"关键原材料行动计划"和"关键原材料联盟",

———————

①　European Commission, EU Strategic dependencies and capacities(Accompanying the Updating the 2020 New Industrial Strategy: Building a Stronger Single Market for Europe's Recovery), May 5, 2021.

"药品战略"和"化学品战略"。

2022 年 2 月,欧盟委员会又公布了《欧洲战略依赖与能力:第二阶段深入审查报告》①。《欧洲战略依赖与能力:第二阶段深入审查报告》着眼于欧洲对第三国存有战略依赖的五个领域,包括稀土和镁、化学品、光伏电池板、网络安全、IT 软件。该报告指出,欧盟对稀土、镁和光伏电池板的战略依赖源于全球生产高度集中在中国,目前无论是欧盟内部还是外部的供应链多样化选择比较有限。在新冠肺炎疫情中暴露出了关键化学品领域的依赖性问题。此外,在服务与技术方面,欧盟也存在对来自其他经济体的少数服务提供商的依赖,在网络安全和 IT 软件等关键技术方面存在长期战略性风险。

(二)供应链联盟建设

基于第一阶段的审查结果,欧盟已在相关领域采取了一系列行动,以解决战略依赖性问题,这些行动既是建立在国际伙伴关系的强化和多样化之上,也是基于增强欧盟自身战略储备和自主行动的需要。《欧洲战略依赖与能力:第二阶段深入审查报告》对欧盟的相应行动做了概述,并明确主要行动。

● 在原材料领域,通过"原材料行动计划"推动研发与创新,与加拿大和乌克兰建立战略伙伴关系,以及和 6 个非洲试点国家探索伙伴关系;在欧洲原材料联盟的框架下,通过加大投资来强化本土的原材料产业链,例如认识到稀土矿产需投入17 亿欧元,其他原材料产业链需投入 90 亿欧元,并通过"欧洲地平线"项目促进原材料研发,2021—2022 年度计划投入 3 亿欧元。

● 在活性药物成分领域,通过在卫生系统内部开展结构性对话,从而更好地理解药物供应链中的薄弱环节,第二阶段的对话将提出一些政策建议。

● 在锂电池领域,欧盟电池联盟推动了欧盟电池价值链上的重要投资,包括111 项重大项目,其中有约 20 个超级工厂,这主要是由于欧盟对电动汽车需求量激增。此外,有两项正在进行的欧盟共同利益重要项目(IPCEI)都与增加电池产能有关,共计划投入 200 亿欧元。欧盟也在加大锂电池的研发力度,在"欧洲地平线"项目下已拨款 9 250 亿欧元设立了电池伙伴关系(Batteries Partnership),第一期计划在 2021—2022 年间拨款 2 930 亿美元用于锂电池价值链的研发工作。

● 在清洁氢能领域,目前已通过"清洁氢能伙伴关系"和"欧洲地平线"项目在中期内解决了电解槽和燃料电池的关键原材料依赖性问题,但对铂系元素关键原材料的战略依赖仍将制约电解槽和燃料电池产能能级的提升。欧洲清洁能源联盟

① European Commission, EU strategic dependencies and capacities: second stage of in-depth reviews. Feb. 22, 2022.

已发布了超 750 个投资项目,用以推动氢能技术的应用。

● 在云端和边缘计算领域,欧盟发布了一系列项目用以降低此领域的战略依赖性,包括"工业数据、边缘和云端欧洲联盟①"、欧洲云端联邦和欧洲数字空间以构建数字欧洲②,以及多国共同数据基础设施和服务项目③。

● 在半导体领域,欧盟委员会已通过了《欧洲芯片法案》并发起了"处理器与半导体技术产业联盟"。

专栏 1-2

《欧洲芯片法案》主要内容概述

2021 年 2 月,欧盟推出"芯片战略",计划为欧洲芯片产业投资约 500 亿欧元,打造欧洲自己的半导体生态系统,减少对非欧洲技术的依赖。同时,欧盟还推出了"2030 年数字罗盘"计划,希望到 21 世纪 20 年代末,能生产全球 20% 的尖端半导体。2021 年 9 月 15 日,欧盟委员会主席冯·德莱恩在其国情咨文演讲中宣布了《建立加强欧洲半导体生态系统的措施框架》(《欧洲芯片法案》),指出需要将欧洲世界级的研究能力联系起来,并协调欧盟和各国在价值链上的投资。该提案也被视为欧盟"2030 年数字罗盘"计划的延伸。

2022 年 2 月,欧盟委员会正式发布了《欧洲芯片法案》提案。《欧洲芯片法案》提议在欧洲的优势基础上,解决突出的弱点,发展一个繁荣的半导体生态系统和弹性供应链,同时制定措施,准备、预测和应对未来的供应链中断。欧盟委员会认为,《欧洲芯片法案》将为欧洲提供一个独特的机会,让所有成员国共同采取行动,从而造福整个欧洲。

《欧洲芯片法案》的具体目标有两个,其一是提高欧盟在全球市场占有率,其二是提高欧洲半导体生态系统的弹性和安全性。为了实现这两个目标,其制定了三个方面的内容:欧洲芯片倡议(支柱一)、供应安全(支柱二)和监测及危机应变(支柱三)。

---

① For detailed introduction of European Alliance for Industrial Data, Edge, and Cloud, See: https://ec.europa.eu/growth/industry/strategy/industrial-alliances/european-alliance-industrial-data-edge-and-cloud_en.

② Commission Implementing Decision on the financing of the Digital Europe Programme and the adoption of the multiannual work programme for 2021—2022, May 6, https://ec.europa.eu/newsroom/repository/document/2021-46/C_2021_7914_1_EN_annexe_acte_autonome_cp_part1_v3_x3qnsqH6g4B4JabSGBy9UatCRc8_81099.pdf.

③ 该项目是在"欧洲数字十年"框架下展开的,详见 https://digital-strategy.ec.europa.eu/de/node/157#ecl-inpage-kyvdszzf。

支柱一,建立《欧洲芯片倡议》,以支持整个欧盟大规模的技术能力建设和创新,使尖端和下一代半导体和量子技术的开发和部署,将加强欧盟的先进设计、系统集成、芯片生产能力和技能,着重于初创企业和规模扩大企业。与此同时,欧盟应为其供应行业提供利用此类投资的机会。

支柱二,要求创建一个可以确保供应安全的框架,该框架将通过吸引对填补空白型集成生产设施和开放的欧盟铸造厂的投资来提高半导体制造的生产以及先进的封装、测试和组装能力。

支柱三,强调在成员国和委员会之间建立一套包含了专门措施的协调机制,以加强与成员国之间的协作,包括监测和预警半导体供应,以及危机阶段的启动规则,并通过专门的一整套措施采取行动。监测和预警系统以成员国的定期监测活动为基础,其中特别包括观察早期预警指标及主要市场参与者提供的服务和货物的供应情况和完整性。如果成员国在其监测活动范围内感知到潜在的半导体危机或相关风险因素的发生,或通过利益攸关方提供的最新情况,其应向委员会发出警报。当有具体、严重和可靠的证据表明半导体危机时,委员会能够通过实施行动激活危机阶段。在危机阶段,欧洲半导体委员会将举行特别会议,允许成员国与委员会密切合作,并协调有关半导体供应链的任何国家措施。

(三) 外资安全审查

2020 年 10 月 11 日,《欧盟外商直接投资审查条例》(欧盟第 2019/452 号条例)[①]正式实施。该体系建立了对欧盟范围内的外商直接投资的审查框架,允许欧盟委员会审查"涉及欧盟利益的"特定投资并向投资所在地的成员国出具无约束力的意见。尽管该条例出台后,外资安全审查的决定权仍在成员国,但该条例提出的外资安全审查重点领域无疑为成员国强化或建立国内的外资安全审查机制提供了重要参考,特别是其中针对关键产品与技术的审查清单,更是在一定程度上,表明了欧盟对特定领域供应链安全与弹性的关注。

例如在该条例中,欧盟列举了帮助各成员国和委员会判断投资是否会影响安全或公共秩序的参考性因素清单[②]。该清单特别提及外国投资对以下项目的影

---

① European Parliament and the Council of the EU, Establishing a framework for the screening of foreign direct investments into the Union, Regulation(EU) 2019/452, Mar. 19, 2019.

② Article 4, Establishing a Framework for the Screening of Foreign Direct Investments into the Union, Regulation(EU) 2019/452. Mar. 19, 2019.

响:关键技术和军民两用产品(人工智能、机器人、半导体、网络安全、航空航天、国防、能源储存、量子和核技术,以及纳米技术和生物技术);关键基础设施(能源、运输、水利、卫生、通信、媒体、数据处理或存储、航空航天、国防或金融基础设施和敏感设施,以及对使用该等基础设施至关重要的土地和房地产);关键材料的供应(包括能源及原材料)和粮食安全;敏感信息的获取(包括个人数据或控制该等信息的能力),以及媒体的自由和多元化。其反映了欧盟对关键技术、关键材料、关键基础设施供应链安全与弹性的关注。

（四）出口管制

除继续贯彻强化外商外资安全审查制度外,2021年,欧盟又进一步从制度层面收紧欧盟内部的出口管制体系,以确保其供应链安全及弹性。2021年5月10日,欧盟通过了《欧盟两用品出口管制条例》的最新修订,扩大了受管制物项的范围。一方面,《欧盟两用品出口管制条例》最新修订内容增加了与人权相关的规定,将侵犯人权作为出口管制的明确理由。另一方面,《欧盟两用品出口管制条例》的最新修订内容又将网络监控技术也归为两用技术,涵盖的技术类型包括入侵和拦截软件、深度数据包检测和生物识别监控,并且对网络监控技术实行严格的管制。①除此之外,欧盟每年会对于欧盟技术出口管制清单进行更新,在2021年的清单更新中,欧盟主要对于五个领域的物项进行更新,包含网络安全控制、加密项目、电子产品和制药,新增了24类化学品。②从实践层面而言,欧盟现阶段对于中国的出口管制较美国更为"温和",目前并没有大规模地对于中国特定实体实施出口管制措施。

三、英国

英国虽然已经脱欧,但在扩大外资审查范围以维护供应链安全和本国技术竞争力方面仍与欧盟表现出相当高的一致性。在脱欧前,英国尚未建立起严格的外资安全审查制度,其只是在反垄断调查中对外资参与跨境并购采取干预措施。在美欧等主要经济体都加紧制定针对关键产品与技术的外资安全审查措施的趋势

---

①　European Parliament and the Council of the EU, Setting up a Union Regime for the Control of Exports, Brokering, Technical Assistance, Transit and Transfer of Dual-use items, Regulation(EU) 2021/821. Apr. 2021.

②　European Commission, Dual-use Trade Controls, https://ec.europa.eu/trade/import-and-export-rules/export-from-eu/dual-use-controls/.

下,英国也于 2021 年首次建立起基于国家安全的独立外资审查制度,以维护特定产品或技术的供应链安全,保持竞争力。

2021 年 4 月 29 日,英国议会通过了于 2020 年 11 月公布的《国家安全和投资法》①(National Security and Investment Bill,NSI 法),进一步从外资国家安全审查机制构建上实现了维护特定领域与行业供应链安全与弹性的目标。具体而言,NSI 法从三个维度审查相关交易的国家安全风险,包括"标的风险""触发事件风险""投资者风险"。其中,"标的风险"主要通过 17 个特定敏感行业的产品与技术,保障供应链安全与弹性。17 个特定敏感行业包括:先进材料、先进机器人、人工智能、民用核能、通信、计算机硬件、政府关键供应商、应急服务关键供应商、加密认证、数据基础设施、国防、能源、军用或军民两用技术、量子技术、卫星和空间技术、合成生物学、运输,与 NSI 法同步出台的还有对 17 个行业长达 111 页的详细定义与解释文件,并保留了未来通过次级立法更新清单的可能性。②针对这 17 个特定敏感行业,NSI 法设定了强制申报制度。在这些行业中,如果投资者获得或增加投资标的权益和投票权,并达到 15%、25%、50%、75%的门槛;或投资者在投资标的单一股份类别的投票获得否决权时,将触发强制申报义务,且在政府批准前不得进行交割。即使未触及这些行业的强制申报门槛,例如投资比例低于 15%且不构成单一股份类别的投票否决权,也可能由于投资者获得"重大影响"而落入自愿申报制度和政府主动审查(call-in)权限的范畴。

此外,英国还重点关注供应链网络安全(Supply chain cyber security)。2021 年 5 月,英国数字、文化、媒体和体育部(DCMS)公开征求有关供应链网络安全的意见,并拟将其纳入新的国家网络安全战略。③英国认识到新冠疫情增加了在线运营活动的数量与频次,因此网络供应链和第三方 IT 服务供应商对于众多企业开展正常经营活动而言至关重要。征求意见的侧重点包括两方面:一是调查网络供应链风险管理情况,以及英国政府如何干预以帮助管理未来的风险;二是评估提议的

①② National Security and Investment Act 2021,Apr. 29,2021. https://www.legislation.gov.uk/uk-pga/2021/25/contents/enacted.

③ Department for Digital,Culture,Media & Sport(DCMS),Call for views on cyber security in supply chains and managed service providers,Nov. 15,2021. https://www.gov.uk/government/publications/call-for-views-on-supply-chain-cyber-security/call-for-views-on-cyber-security-in-supply-chains-and-managed-service-providers#part-1-supply-chain-risk-management.

网络安全框架①对托管服务提供商的适用性。2021 年 11 月,英国政府发布了意见征询的主要结论和政府回应,指出英国企业对网络供应商的风险管理不足,英国下一步或将在此领域采取更多干预措施。②

第二节　协调的单边行动

大西洋理事会曾撰文指出,拜登将在供应链问题上为摆脱对中国的依赖而实行"有目标的脱钩(targeted decoupling)"。与前一届政府相比,拜登政府的工作重心将放在双边和多边框架下与盟友开展合作,以解决供应链问题③。因此,在国内单边措施的基础上,拜登政府还在国际上积极推动针对供应链安全与弹性的联合行动,包括与欧盟等盟友开展双边协调行动以及主导七国集团议程等。

一、美国与欧盟

拜登上台后的首次对外访问就是去往欧洲,重点修复在特朗普任职期间破坏的跨大西洋盟友关系,而供应链安全与弹性问题也是拜登此行的重要议题。2021年 6 月 15 日,美欧领导人在美国—欧盟峰会后发布共同声明,建立美欧贸易和技术委员会(U.S.-EU Trade and Technology Council, TTC)。2021 年 9 月 29 日,美欧发布《美国—欧盟贸易和技术委员会启动会联合声明》,明确将加强在供应链方面的全球合作,并建立了专门的安全供应链工作组和出口管制工作组。

安全供应链工作组的任务是增强供应与需求的透明度,了解在相关行业中各自的产能,就政策措施与发展重点开展信息交流,并合作推进供应链韧性与多样化战略。美国为支持该议题下的工作,已在国内进行公众意见征询。④2022 年 4 月 6日,美国商务部工业与安全局发布意见征询函,就供应链问题开展为期 45 天的公

---

① 即英国政府发布的 14 项网络安全原则,详见 https://www.ncsc.gov.uk/collection/caf/caf-principles-and-guidance。

② Department for Digital, Culture, Media & Sport(DCMS), Government Response to the Call for Views on Supply Chain Cyber Security, Nov. 15, 2021, https://www.gov.uk/government/publications/government-response-on-supply-chain-cyber-security/government-response-to-the-call-for-views-on-supply-chain-cyber-security.

③ Atlantic Council, Enhancing US-Japan Cooperation on Global Supply Chains, May, 2021.

④ Bureau of Industry and Security, U.S. Department of Commerce, Request for Public Comments on Supply Chain Issues to Support the U.S.-EU Trade and Technology Council Secure Supply Chains Working Group, Federal Register, Vol.87, No.66, Apr. 6, 2022.

众意见征询,重点包括以下关键行业的供应链弹性与安全问题:半导体、光伏①、包括稀土矿在内的关键矿产与原材料②、锂电池③、半导体原材料④和药品⑤。征询意见的目的在于支持 TTC 项下的安全供应链工作组。上述迹象表明,美欧在 TTC 框架下或将就半导体、光伏、关键矿产、锂电池和药品等领域的供应链安全与弹性问题率先开展双边协调行动。

出口管制工作组任务是就立法和监管的发展进行技术磋商,并交流有关风险评估和许可方面的良好做法以及遵守和执行方法的信息,促进对敏感两用技术采取趋同的管制方法,并就两用出口管制开展联合行业宣传。此外,美国和欧盟达成共识,认为有必要对某些两用物品的贸易进行管制,特别是技术,包括可能被滥用而导致严重侵犯人权或国际人道主义法律的网络监控技术。⑥

2021 年度,美国与欧盟在出口管制领域也呈现出协调单边的趋势,表现为美国与欧盟多次官方表示将通过各种形式加强出口管制领域的合作,加严对华出口管制。美国在《2021 年战略竞争法案》中指出,美国和欧盟在出口管制方面的合作机制已经非常成熟,这意味着美国可以与欧盟合作实施《出口管制改革法案》,"并努力使该法律法规与欧盟优先事项保持一致"。其中还提到了美国应考虑"建立一个类似于多边出口管制协调委员会(CoCom)的机构,专门负责协调美国和欧盟敏感技术对中国的出口"。⑦

二、美国与其他盟友及合作伙伴

除欧盟外,美国还在亚太地区积极寻求与日本、韩国等盟友及新加坡、印度、马来西亚等合作伙伴的供应链双边协调行动。

● 2021 年 4 月 16 日,日本首相菅义伟受邀访美,美日两国举行了领导人峰会,两国发起建立"美日竞争力和复原力伙伴关系",计划在包括半导体在内的敏感供应链及关键技术的推广和保护方面开展合作。⑧

---

① 包括制造太阳能组件的原材料和生产工具。
② 关键矿产包括钕和镝。
③ 关键矿产包括锂、钴、一级镍、锰和石墨。
④ 关键矿产包括镓和锗。
⑤ 药物和生物关键药剂,医疗对策以及关键原料。
⑥ White House, U.S.-EU Trade and Technology Council Inaugural Joint Statement, Sep. 29, 2021.
⑦ United States Innovation and Competition Act of 2021, S.1260, 2021.
⑧ U.S.-Japan Joint Leaders' Statement: U.S.-Japan Global Partnership for a New Era. Apr. 16, 2021.

● 2021 年 5 月 21 日，美韩发表联合声明，表示美国和韩国致力于促进强大和有弹性的供应链，主要合作领域包括：促进在半导体、包括先进和汽车级芯片，以及高容量电池方面的互补的投资；鼓励通过培育人工智能、下一代移动网络(6G)、数据、量子技术和生物技术的计划，对关键和新兴技术进行联合研发；认识到安全的 5G 和 6G 网络的重要性，承诺支持多样化和有弹性的供应链，包括开放式 RAN 技术等创新网络架构，并承诺在开放式 RAN 技术开发和标准化问题上进行合作；认识到美韩在关键技术的出口管制方面进行合作的重要性。美韩还将探索在美国白宫和韩国总统办公室之间建立一个美国—韩国供应链工作组，以实施和审查高科技制造业和供应链方面的双边合作。①

● 2021 年 8 月 23 日，美国和新加坡启动美新供应链对话，对话包括与美国和新加坡行业领袖进行小组讨论，随后进行政府间讨论，以加强合作努力，以加强增长、创新和有弹性的供应链。②

● 2021 年 11 月 18 日，在与政府和企业领导人举行了以半导体供应链为重点的圆桌会议之后，美商务部和马来西亚发表部长级联合声明，表明将共同合作提高半导体及其他制造业的供应链透明度和可信度，并将保持对话以期在 2022 年达成一项合作备忘录。③

● 2021 年 11 月 23 日，美国和印度在新德里举行美印贸易政策论坛(TPF)第十二次部长级会议，会议指出建立有弹性和安全的供应链的重要性，尤其关注到网络空间、半导体、人工智能、5G、6G 和未来一代电信技术等关键技术和新兴技术等领域的重要性，强调在这些关键部门加强合作，支持有弹性和安全的全球供应链。④

三、七国集团

2021 年七国集团峰会在英国召开，关注到了供应链的安全与弹性问题。2021

---

① Fact Sheet: United States-Republic of Korea Partnership, May 21, 2021. https://www.presidency.ucsb.edu/documents/fact-sheet-united-states-republic-korea-partnership.

② Fact Sheet: Strengthening the U.S.-Singapore Strategic Partnership, Aug. 23, 2021, https://www.whitehouse.gov/briefing-room/statements-releases/2021/08/23/fact-sheet-strengthening-the-u-s-singapore-strategic-partnership/.

③ Department of Commerce, Joint Statement by U.S. Secretary of Commerce Gina Raimondo and Malaysian Senior Minister of International Trade and Industry Mohamed Azmin Ali, Nov. 18, 2021.

④ USTR, Joint Statement from the United States-India Trade Policy Forum, Nov. 23, 2021.

年 10 月 13 日,七国集团经济复原力专家组(Economic Resilience Panel)发表了一份名为《全球经济复原力:更好地向前发展》①的专家小组报告,提出了系统性经济改革路线图,并呼吁逐步改变全球经济治理,以提高复原力并从经济冲击中更好地向前发展。该经济改革路线图被命名为"康沃尔共识"(Cornwall Consensus),提出了七个优先事项,其中就包含了供应链和关键市场的脆弱性。报告提出,为了提高供应链的复原力,并解决市场的脆弱性,G7 应在信息共享、预测和脆弱商品的多样化方面进行合作和协调。

● 在未来的危机中,通过在七国集团内建立必需品的快速反应机制,进行前期政治层面的协调。

● 促进对供应链中断的预测演习和危机模拟,并在适当的情况下,分享各国在关键部门进行的公共—私营供应链"压力测试"的结果,并提出国家供应链风险缓解措施供其成员考虑。

● 建立关于关键矿物和半导体的信息共享平台,绘制库存和流量图,提高对数量的集体认识,支持可追溯性,并提供政策协调功能,正如 2007/2008 年粮食危机以来农产品信息系统(Agricultural Market Information System,"AMIS")对农产品所做的那样。平台成员可以从七国集团开始,并随着时间的推移不断扩大。

● 资助七国集团及其盟友在稀土元素(REE)和其他关键矿物生产和加工方面的研发合作。

● 制定高标准,在稀土元素等关键领域促进循环经济和环境社会治理,并在国际标准化组织(ISO)和其他国际标准机构中进行集体讨论。

第三节　选择性多边行动

二十国集团目前已成为美国在供应链安全与弹性领域开展选择性多边行动的平台。2021 年 10 月 31 日,二十国集团峰会在意大利罗马举行,中国也参与其中,与会国发表了《二十国集团罗马峰会宣言》,表示对供应链中断等影响经济的全球挑战保持警惕。但在二十国集团峰会之际,在中国未参与的情况下,美国、欧盟与其他 14 个成员国就全球供应链危机举行全球供应链复原力峰会,讨论了近期供应

---

① G7 Panel on Economic Resilience, Global Economic Resilience: Building Forward Better: The Cornwall Consensus and Policy Recommendations. Oct. 31, 2021. https://www.bruegel.org/report/global-economic-resilience-building-forward-better.

链中断的问题以及建立长期韧性的路径。会议发布了《供应链弹性原则声明》①,指出了四项全球供应链韧性的关键支柱。

● 透明度:通过加强透明度和信息共享,帮助各国降低风险,应对全球供应链冲击。

● 多样化、开放性和可预测性:开放的全球市场对于支持有韧性的供应链是至关重要的。

● 安全:供应链中的利益攸关方都应当将安全作为优先事项,尤其是在技术供应链的关键基础设施节点上不能出错。

● 可持续性:政府、业界和社会团体应协同合作,促进全球可持续发展目标的实现,包括落实关于气候变化的巴黎协定以及相关的国际劳工协约。

美国还在二十国集团峰会上宣布了拟采取的新的国内措施,以继续建设供应链的复原力②。其主要包括以下三方面。

● **提高美国储备工作的效率**。拜登将发布一项行政命令,通过授权国防部从国防储备中提高材料来简化美国的储备工作——这将可以对国防产业基地内的材料短缺做出更快速反应。

● **增加"贸易便利化活动"的预算,减少程序冗余**。首先,美国国务院将拨出额外资金,向墨西哥和中美洲的同行提供技术援助,以缓解供应链的中断和瓶颈。其次,在美国—东盟峰会上,拜登宣布为美国—东盟的新倡议提供数百万美元的资金,其中包括将东盟单一窗口(海关便利化项目)与美国单一窗口系统联系起来的资金。这两项倡议将改善和简化海关和清关程序,减少延误,鼓励可持续和高效的供应链。

● **多方利益相关者峰会**。美国国务卿安东尼·布林肯和商务部部长吉娜·雷蒙多认识到供应链有许多利益相关者——从私营部门到工人和劳工组织到本土社区到学术机构——将在明年与他们的外国同行一起举行多方利益相关者峰会。峰会将开展后续对话,以确定这些各方之间的下一步措施,强化全球供应链复原力。

第四节 竞争性区域行动——美日印澳四方安全对话机制

美日印澳"四方安全对话"(Quad)成立于 2004 年的东南亚海啸之后,其主要

---

① White House, Chair's Statement on Principles for Supply Chain Resilience. Oct. 31, 2021.

② Fact Sheet: Summit on Global Supply Chain Resilience to Address Near-Term Bottlenecks and Tackle Long-Term Challenges. Oct.31, 2021.

目的是协调分配人道主义救援物资,后有所搁置。2017 年,特朗普政府重启"四方安全对话",并于 2019 年将对话提升到了部长级。拜登上台后,曾多次提到聚焦印太战略,美日印澳"四方安全对话"也因此受到广泛关注。2021 年的美日印澳"四方安全对话"也重点关注到了供应链安全与弹性的问题。

2021 年 9 月 24 日,澳大利亚、印度、日本和美国再次召开四方领导人峰会并发表联合声明①。声明中重点关注了四方安全对话机制在关键与新兴技术上的合作空间。声明指出,四方安全对话机制已在关键技术和新兴技术方面建立了合作,以确保技术的设计、开发、管理和使用方式是由其共同价值观和对普遍人权的尊重所决定的。四方安全对话机制通过与业界合作,正在推进安全、开放和透明的 5G 和 5G 以外网络的部署,并与一系列合作伙伴合作,促进创新,推广值得信赖的供应商和方法,如 Open-RAN。声明还提到四方安全对话机制正在梳理包括半导体在内的关键技术和材料的供应链情况,并强调了对有弹性、多样化和安全的关键技术供应链的积极承诺,同时认识到政府支持措施和透明及市场导向政策的重要性。此外,会议还发布了一份"技术设计、研发、治理与使用的'四方安全对话'原则"②,强调具有弹性、多样化和安全的技术供应链——硬件、软件和服务——对共同的国家利益至关重要。该份原则还指出,与具有同等价值观的盟友和伙伴在供应链方面的密切合作将促进安全和繁荣,并加强应对国际灾难和紧急情况的能力。

---

① White House, Joint Statement from Quad Leaders. Sep. 24, 2021.

② White House, Quad Principles on Technology Design, Development, Governance, and Use. Sep. 24, 2021.

第二章　中国的立场与回应

随着美欧等西方经济体在供应链安全与弹性领域逐渐形成"协调单边主义",尤其是在关键产品和技术的供应链布局与调整过程中,美欧协调单边行动的"去中国化"与"精准脱钩"趋势日益深化。与此同时,新冠肺炎疫情全球大流行造成国际供应链大幅中断。在上述背景下,我国也充分认识到强化供应链安全与弹性的重要性,积极采取各项措施,加强供应链创新与应用试点工作,增强产业链供应链自主可控能力,构建国际供应链合作体系,以期形成以国内大循环为主体、国内国际双循环相互促进的新发展格局。

第一节　积极应对疫情冲击,开展供应链创新与应用试点工作

在新冠肺炎疫情造成国际供应链大幅中断的情势下,我国也关注到了国内供应链安全与弹性的重要性,积极推动供应链复原建设,并努力优化供应链的国际布局。为深入贯彻落实习近平总书记关于统筹推进新冠肺炎疫情防控和经济社会发展的系列重要讲话精神,发挥供应链创新与应用试点工作在推动复工复产、稳定全球供应链、助力脱贫攻坚等方面的重要作用,2020年4月,商务部等8部门下发了《关于进一步做好供应链创新与应用试点工作的通知》[①],重点推动供应链协同复工复产;并强调加强供应链安全建设,建立供应链风险预警系统,制定和实施供应链多元化发展战略,着力在网络布局、流程管控、物流保障、应急储备、技术和人员管理等方面增强供应链弹性,提升风险防范和抵御能力,促进供应链全链条安全、稳定、可持续发展;同时,促进稳定全球供应链,加强在重大项目中的协同与合作,共同开拓第三方市场。探索建立高效安全的物流枢纽和通道,优化、整合境外分销和服务网络资源。稳妥有序推进共建"一带一路",优化国别产业布局,加强重大项

---

① 中国商务部,《商务部等8部门关于进一步做好供应链创新与应用试点工作的通知》,商建函〔2020〕111号,2020年4月15日。

目建设,更好带动装备、技术、标准和服务走出去,进一步提高我国供应链全球化能力和水平。

第二节　以国内大循环为主体,增强产业链供应链自主可控能力

在国内外环境复杂多变的情况下,我国提出逐步形成以国内大循环为主体、国内国际双循环相互促进的新发展格局。2020 年的中央经济工作会议,强调要增强产业链供应链自主可控能力。[1]会议指出,产业链供应链安全稳定是构建新发展格局的基础。要统筹推进补齐短板和锻造长板,针对产业薄弱环节,实施好关键核心技术攻关工程,尽快解决一批"卡脖子"问题,在产业优势领域精耕细作,搞出更多独门绝技。要实施好产业基础再造工程,打牢基础零部件、基础工艺、关键基础材料等基础。要加强顶层设计、应用牵引、整机带动,强化共性技术供给,深入实施质量提升行动。

产业链供应链的稳定仍然是我国当前工作的重点。在 2022 年 3 月 10 日召开的国务院新闻发布会上,国家发展改革委员会相关负责人指出了下一步保链稳链工作的重点,[2]涉及增强国内产业链供应链自主可控的四项主要内容。

一是持续补齐短板弱项。聚焦国计民生、战略安全等关键领域,紧盯"卡脖子"薄弱环节,一体推进短板攻关、迭代应用和生态培育,打好关键核心技术攻坚战。启动一批产业基础再造项目,突破基础领域短板弱项,夯实产业链供应链基础。

二是持续锻造长板优势。一方面,在改造提升传统产业中锻造长板,加快实施制造业核心竞争力提升五年行动计划,打造重点领域全产业链竞争优势。另一方面,在培育新兴产业链中育长板,把握前沿领域发展先机,深入实施国家战略性新兴产业集群发展工程,加快发展新产业新业态新模式。

三是持续破除瓶颈制约。有关负责人首要提出的是着力解决汽车等制造业领域芯片短缺问题。持续抓好大宗商品、原材料保供稳价,加强"产供储销"体系建设,加强对期货和现货市场的有效监管。实施重点领域产业链供应链贯通工程,建立协同研发、产品研制、试验验证等生态联合体,依托龙头企业保链稳链。

四是持续强化风险防范。建立产业链供应链风险监测体系,完善风险研判和

---

① 邓子纲,《中央经济工作会议:增强产业链供应链自主可控能力》,新华社 2020 年 12 月 18 日报道。

② 周东洋,《"五个持续"推进产业链供应链安全稳定》,《中国贸易报》2022 年 3 月 10 日。

预警处置机制,提升风险识别、精准处置能力,压紧压实各方责任,力争做到风险早发现、早报告、早研判、早处置,切实保障产业链供应链安全稳定运行。

由上可看出,我国在应对西方经济体形成的供应链单边协调趋势时,首要任务是立足国内大循环,加强风险防范,保证国内供应链安全与稳定。

第三节　持续深化开放合作,共建国际供应链合作体系

我国作为多边主义的倡导者、推动者和践行者①,在供应链的安全与弹性领域也依然贯彻多边主义原则,与合作伙伴共建产业链供应链合作体系,强化国际供应链韧性。例如,在 2021 年举行的二十国集团(G20)领导人峰会上,习近平主席就倡议举办产业链供应链韧性与稳定国际论坛,邀请各方共同参与。此外,上文提及的当前"五个持续"推进产业链供应链稳定的重点工作中,还有一项就是持续深化开放合作。主要包括:支持跨境电商和海外仓发展,促进外贸产业链供应链高效运转;提高利用外资质量,鼓励外资企业加大高端制造和高技术领域投资,支持外资研发中心创新发展。高质量实施《区域全面经济伙伴关系协定》(Regional Comprehensive Economic Partnership,RCEP)等区域贸易协定,用好各类多边机制,构建互利共赢的产业链供应链合作体系。

---

①　《让多边主义的火炬照亮人类前行之路》,中国国家主席习近平在世界经济论坛"达沃斯议程"上的发言,2021 年 1 月 25 日。

第三章 协调单边行动的趋势与影响

　　2021 年,以美国、欧盟为首的西方发达经济体已经开展了一连串以确保供应链安全与弹性为目标的行动。相关协调行动表明,保障美欧等经济体自身供应链安全与弹性的协调单边阵营已然形成,其以供应链本土化、近岸化和友岸化为目标,并具体通过进一步丰富国内综合贸易工具、协调双边及诸边沟通机制平台予以落实。

第一节　多方联动,保障美欧等经济体自身供应链安全
与弹性的协调单边阵营已形成

　　拜登政府上台后,积极修复与西方盟友的双边和诸边关系,通过强化美欧等双边关系的协调、重启美日印澳四方安全对话机制和主导七国集团有关供应链安全的议题等行动,强调基于共同民主价值观的志同道合者联盟,将中国视为主要威胁来源,以寻求建立一个由美国主导的、盟友间协调的供应链安全与弹性体系。而欧盟在保持跨大西洋的伙伴关系的同时,也在积极追求战略自主性。具体而言,本轮供应链安全与弹性以美国为首的"协调单边主义"在协调对象、平台方式及工具领域主要凸显了如下三个特点。

　　(1) 协调领域广泛多样且"主次分明",实现对中国的"精准脱钩"与美欧全球供应链领域的"精细划分"。

　　本轮供应链安全与弹性的美欧"协调单边主义"协调领域广泛多样,既在诸如半导体、电子通信信息、大容量电池、关键矿物和材料、核心原材料、高科技技术及药品和活性药物成分(API)等关键材料与物品领域加速推进,又在诸如国内基础设施建设等领域紧抓不放,总体上贯彻了"主次分明""有快有慢"且与中国"精准脱钩"的指导方略,体现了美欧在供应链安全与供应链韧性两个方面都要硬的指导思想。一方面,美国与欧盟确立以半导体、光伏、关键矿产、锂电池和药品和活性药物

成分(API)等领域为供应链安全与弹性协调行动优先与重点领域,不但进一步精准压制中国在上述领域全球价值链的"跃升",有序降低美欧在上述特定领域对中国的供应链依赖,也为美欧在上述方面的全球供应链格局重新分配提供机遇与空间。另一方面,美欧同样关注除上述领域外的国内基础设施等非重点领域,进一步通过加大国内包括基础设施在内的产品投资手段为供应链的本土化、近岸化及友岸化调整奠定基础。

(2) 协调方式灵活多样,形成以 TTC 为范本的"协调单边主义"范式。

"以工人为中心"是美国拜登政府上台后施政的主要出发点。但在具体目标的实现形式上,与之前特朗普政府"伤害"诸如欧盟等盟友利益不同,拜登政府采取了更为务实、灵活及多样的 TTC 模式,是"新思维和新方式"实用主义思想主导下美国创新对外经济贸易政策、实现更广泛的盟友协调单边作战同盟的范式。美欧等经济体在 TTC 上不止一次强调,要构建一个双方共同认可的常态化工作机制,在该框架下,双方日常持续的政策沟通、定期的会议评估都将常态化,并就核心议题形成"可交付可操作"的政策成果和贸易工具。上述举措,有利于美欧在以"共同价值观"为基础的底线下,进一步就当前供应链安全与弹性所面临的问题减少分歧、扩大共识、提升合作可能性与水平。更为重要的是,这一合作框架范式,有利于美欧等发达经济体及时根据供应链所出现的最新变化做出最为及时的应对。

(3) 协调工具的选择更为广泛,重点强调在原有贸易工具基础上的新工具应用。

本轮供应链安全与弹性的美欧"协调单边主义"除了协调领域多样、协调方式灵活多变外,更值得一提的就是在原有贸易工具基础上新工具的创新。

特朗普政府与拜登政府期间,美国已经通过诸如强化外资国家安全审查、收紧贸易出口管制、扩大政府采购范围、提升政府采购国内含量等手段与措施进一步构筑全方位的供应链安全与弹性。相关工具也构成了美国进一步实现供应链安全与弹性的重要抓手。但值得注意的是,美国在此轮供应链安全与弹性的协调单边行动中,有进一步发展若干新工具以进一步扩大实施效果的趋势。美国在《2022 年美国竞争法案》中提出的"国家关键能力审查机制"就是一个突出的例子。该机制目的在于建立一个美国对外投资安全审查机制,防止美国关键能力领域的生产、研发和制造布局转移至竞争对手国或非市场经济国家。这一崭新举措,与当前美国其他盟友对于国家核心技术或关键能力供应链的关注不谋而合。考虑到 2021 年

10 月 31 日美国、欧盟、日本、韩国等 14 个国家(组织)已经联合召开全球供应链复原力峰会,美国当前通过"国家关键能力审查机制"意图构建的对外投资安全审查机制,将极有可能通过上述平台在上述经济体中推广,而这一推广其实已经在若干经济体中早有立法与实践基础。例如,韩国早于 2006 年就出台了《防止泄露和保护工业技术法》[①],通过设立工业技术保护委员会以保证有能力阻止拥有政府研发补贴开发的"国家核心技术"的公司的对外投资。韩国于 2020 年 2 月的最新一次修订则进一步加强了对电脑制造、电子和光学产品及电子设备等制造业的对外投资审查,并且强调,接受政府研发补贴的公司在任何有可能向外国泄露核心技术时都须获得政府批准。日本也出于国家安全的考量,早在 2020 年就要求少数行业的对外投资须提前进行政府申报,包括渔业、武器制造相关行业、麻醉品及皮革制品。

专栏 1-3

《2022 年美国竞争法案》构建国家关键能力审查机制

《2022 年美国竞争法案》中所提出的国家关键能力审查机制其实并不新鲜,其是自《外国投资风险审查现代化法》生效以来,对美国国内有关美国企业对外投资对供应链安全与韧性所可能造成的负面影响的系统性回应。具体而言,国家关键能力审查机制目的在于建立一个美国对外投资安全审查机制,防止美国关键能力领域的生产、研发和制造布局转移至竞争对手国或非市场经济国家。其在体例与内容上,凸显出两个方面特点。

第一,国家关键能力审查机制基本参照《外国投资风险审查现代化法》下的外资国家安全审查机制,延续美式就投资可能对供应链安全带来问题的规制逻辑与思路,构建一整套涉及国家关键能力领域的供应链对外投资安全审查体系。国家关键能力审查机制在审查主体、审查对象、审查机制、审查程序上都高度参照了 2018 年通过的《外国投资风险审查现代化法》。其通过构建一个由美国贸易谈判代表领导的跨机构委员会,审查国家关键能力领域"转移或迁移"至外国竞争对手或非市场经济国家的相关"涵盖交易",在综合考虑诸如长远的战略性经济利益、国家安全和灾难预案、交易方所在国是否有扭曲或掠夺性贸易行径的历史、交易方的控制和所有权以及对国内产业和弹性的影响等因素的基础上,判断相关"交易"是否最终对美国的关键能力构成威胁。若跨机构委员会认为相关

---

① Act on Prevention of Divulgence and Protection of Industrial Technology,Act No.8062, Oct. 27, 2006.

交易对美国关键能力构成威胁,美国总统可采取宣布审查结果、指示相关部门执行撤销投资以及暂停或阻止交易等进一步行动。

第二,国家关键能力审查机制首次系统性明确了"国家关键能力"的内涵与外延,并参考供应链敏感度标准对相关"涵盖交易"的危害程度做出判断。一方面,国家关键能力审查机制首次系统性地就"国家关键能力"的内涵与外延作出明确。国家关键能力审查机制明确,"国家关键能力"被界定为"对美国国家安全至关重要的实体及虚拟系统和资产",其外延主要包括以下四个关键部门的供应链和相关服务:医疗物资、药品、个人防护装备和医疗服务;关键基础设施;灾后重建的关键基础设施;军事和情报行动。值得注意的是,"国家关键能力"的外延仍在发展中,跨部门委员会对相关行业审查后,可以将能源、医疗、通信、国防、交通、航空、机器人、人工智能、半导体、造船业和水资源等领域纳入为"关键能力"范围。另一方面,为进一步明确供应链敏感度对"国家关键能力"的影响,国家关键能力审查机制又以"供应链敏感度"为重要参考标准,对相关交易的危害程度做出判断。国家关键能力审查机制将供应链敏感度分为"最低、中等及最高"三个等级:完全布局在美国盟友国内的供应链具有最低程度的敏感性;部分布局该机制重点关注国家或该国家的企业,但可在别处找到等量替代品的供应链具有中等程度的敏感性;而完全布局在该机制重点关注国家或该国家的企业,且无法在别处找到等量替代品的供应链具有最高程度的敏感性。

第二节　美欧全球供应链布局本土化、近岸化及友岸化趋势进一步加强

2008年由美国次贷危机引发的全球金融危机的爆发,标志着自1990年以来长达二十多年的全球价值链革命和经济全球化高速扩张阶段告一段落,经济全球化发展进入全球供应链收缩和"停摆"的调整阶段。伴随着民族区域国家与跨国资本矛盾日益加深,强调工人权益、环境保护等国内民族区域国家"本土主义"的呼声日益高涨,加之新冠肺炎疫情的发展在地域上进一步割裂了全球重要经济体在供应链上的既有依存与交流,供应链收缩趋势已成定局。美欧2021年在"协调单边主义"主导下所实施的供应链安全与弹性相关举措,进一步加剧上述态势,并使得美欧的全球供应链布局向本土化、近岸化和友岸化态势发展与深化。

一方面,美欧全球供应链本土化趋势将进一步强化。美欧"协调单边主义"下的供应链安全与弹性行动的核心在于涉及供应链安全与弹性问题的国内单边措施。无论是美国还是欧盟,其均先基于自身供应链安全与弹性的实际状况,在充分对自身关键产品、关键技术及关键材料等进行全面充分审查后,分类别、分层次、分阶段有序推进相关国内措施出台,逐步提升或扩大供应链本土化。另一方面,美欧全球供应链近岸化与友岸化将进一步加强。由于美欧"协调单边主义"主导下的供应链安全与弹性行动的目标是要就供应链安全与弹性构建"协调单边主义"阵营,在关键产品、关键技术及关键材料本土化的同时,进一步依靠盟友实现相关领域供应链的近岸化与友岸化又成为逻辑的必然。2021 年,拜登政府延续特朗普政府有关 232 钢铝供应链与国家安全战略,同时对近岸及友岸盟友进一步扩大自豁免范围就是对上述两个方面趋势的最佳诠释。

专栏1-4

美国 232 钢铝调查实施效果

2018 年 3 月,美国总统特朗普根据美国商务部 232 调查报告签署命令,决定对美国进口的钢铁和铝产品分别加征 25% 和 10% 的关税,包括阿根廷、澳大利亚、加拿大和墨西哥等在内的多个国家(地区)先后获得关税豁免。2021 年 10 月至 2022 年 3 月间,美国又分别与欧盟、日本和英国达成协议,以关税配额方式取代此前对欧盟及英国的钢铁和铝产品、对日本钢铁产品实施的加征关税措施。统计显示,加征关税措施实施近四年来,美国钢铝产业供应链调整显著。

一、美国通过加征关税提升国内钢铝产业产能利用率和限制产品进口的政策目标基本达成,供应链本土化趋势加强

根据美国钢铝产品 232 调查报告,美国进口钢铝产品规模持续上升,占国内消费比重较高,使得美国国内相关产业萎缩,对国家安全造成影响。加征关税后,美国钢铝产业本土化生产能力得到提升,2022 年 1 月钢铁行业国内产能利用率为 81.1%,基本达到此前设定的 80% 的目标水平;美国国内炼铝生产能力也稳步提升,原铝产量从 2017 年的 74 万吨增至 2020 年的 101 万吨。此外,美国钢铝产品进口数量也显著减少,钢铁产品进口由 2017 年的 3 468 万吨降至 2020 年的 2 003 万吨,铝产品进口由 2017 年的 622 万吨降至 2020 年的 432 万吨。同时,美国钢铁产品净进口占表观消费量的依赖度百分比从 2017 年的 18% 降至 2021 年的 10%,铝产品从 59% 降至 44%。

二、美国钢铁和铝产品自豁免来源进口集中度提高,供应链逐步向近岸化、友岸化发展

美国 232 调查涉及钢铁和铝产品的进口来源在加征关税后向豁免来源集中调整,自豁免来源进口钢铁数量份额由 2017 年的 50.7% 快速增至 2021 年的 62.2%,铝产品数量份额也由 2017 年的 48.7% 增至 2021 年的 54.6%。若将新加入豁免名单的欧盟、日本和英国计算在内,则 2021 年豁免来源占美国钢铝产品进口份额将分别达到 77.4% 和 60.1%。

美国自主要非豁免来源的进口则呈现显著下滑,其中,俄罗斯在美国钢铁产品进口中所占份额由 2017 年的 8.2% 降至 2021 年的 5.2%,我国则维持低于 3% 的份额,两国在美国铝产品进口中所占份额也于加征关税后出现显著下滑,均由此前 10% 左右降至 5% 以下水平。此外,除澳大利亚、加拿大和墨西哥外,美国对其余豁免来源通过配额方式实施关税豁免,因此,美国钢铝产品供应链在向豁免来源集中的过程中,自配额进口来源的进口相对平稳,但其自北美区域贸易伙伴加拿大和墨西哥的进口增长显著。2020 年《美国—墨西哥—加拿大协定》实施后,美国自加拿大和墨西哥进口钢铝产品数量大幅增长,两国在美国钢铁产品进口中合计占比由 2017 年的 25.9% 增至 2021 年的 40.3%,铝产品则由 43.5% 增至 50.7%,显示出美国钢铝供应链向近岸化、友岸化发展趋势明显。

第三节　对华合作打压、内部相互竞争,不断引导和施压美欧跨国公司进行以中国为主要平衡目标的全球供应链布局调整,已成美欧全球供应链格局长久实施态势

2008 年全球金融危机以来,以世界贸易组织为核心的多边贸易体系逐步陷入崩溃,同时,区域贸易协定快速发展,全球经贸体系实际上已经进入一个在美洲以美国为中心、在欧洲以法德为中心及在亚洲以中国为中心的全球经贸治理新格局体系。随之而来,全球逐步形成了以美国为中心的北美区域供应链、以欧盟为中心的欧洲区域供应链和以中国为中心的亚洲区域供应链"三足鼎立"的供应链格局。[①]2018 年,以

---

① Uri Dadush, Is the post-war trading system ending?, Bruegel Policy Contribution, Feb. 21, 2022. https://www.bruegel.org/policy-brief/post-war-trading-system-ending.

美国为首的"协调单边主义"框架推进后,北美区域供应链与欧洲区域供应链正逐步呈现出对外对华合作打压、对内相互竞争的长久态势。

一方面,美欧之间基于共同民主价值观的"志同道合"供应链安全与韧性联盟正在形成,美欧通过 TTC 下设立的常态化工作机制进一步协调双方的供应链战略,一定程度上,实现对华战略的"争而不毁"。①另一方面,美欧之间又在供应链安全与弹性的特定领域存在竞争关系,双方必须平衡在供应链安全与弹性问题上"去中国化"后而出现的特定领域全球供应链重新布局问题。上述看似矛盾、实则辩证统一的两个方面,在当前全球半导体供应链格局的变化中表现得尤为突出。

半导体供应链是典型的全球供应链行业。从研发、设计到组装、测试和封装,半导体供应链主要包括七个主要的供应链部门。在上述诸多领域中,美国及其盟友,特别是日本、荷兰、中国台湾地区、韩国、英国和德国,在半导体供应链的几乎每一个环节都是技术和市场的领导者。研究显示,美国及其盟友,特别是日本、荷兰、中国台湾地区、韩国、英国和德国,分别贡献了全球半导体供应链总价值的 39% 与 53%。②反观中国,中国在全球半导体供应链贡献份额并不多,仅占 6%。但值得注意的是,近年来,中国在"中国制造 2025"等制造强国国家战略的支持下,正逐步在供应链的研发、设计等供应链附加值高的众多环节对美欧提出挑战,并可能试图重新布局有利于自身的半导体供应链。可以预见,在美欧对外对华合作打压、对内相互竞争的长久态势背景下,美欧等通过国内立法、政策及 TTC 等平台在半导体领域的协调单边举措将可能进一步拉大该领域与中国的相关技术差距,压制中国在半导体领域的技术"跃升",并在全球进一步基于各自竞争优势展开供应链本土化、近岸化及友岸化下的新一轮全球半导体供应链格局争夺。③

---

① Kurt M. Campbell, Jake Sullivan, How America Can Both Challenge and Coexist with China, Foreign Affairs, Sep. 2019.转引自上海 WTO 事务咨询中心、上海科学技术情报研究所:《经济全球化发展趋势动态监控简报》,2021 年第 3 期。

②③ Saif M Khan, Alexander Mann & Dahlia Peterson, The Semiconductor Supply Chain: Assessing National Competitiveness, Center for Security and Emerging Technology, Issues Brief, Jan. 2021.转引自上海 WTO 事务咨询中心、上海科学技术情报研究所:《经济全球化发展趋势动态监控简报》,2021 年第 4 期。

第二部分
数字经济监管裂痕

内 容 摘 要

随着新冠肺炎疫情对全球经济和供应链安全带来的影响,一方面,数字经济成为引领经济复苏的重要支柱;另一方面,传统的全球经贸规则体系却无法回应其发展的特殊需求。中美欧三大数字经济体基于不同的技术背景和制度环境,逐步形成三种不同的数字经济监管模式,并不断在国际范围内扩大各自的影响力,这使得全球数字监管裂痕将继续扩大。

在国别的单边行动方面,美国主要加强自身立法,提升在数字基础设施、数字经济创新方面的竞争能力和影响力,同时限制中国企业和产品进入美国数字基础设施领域,并针对中国的数字监管模式设计相应的贸易工具。欧盟通过制定数字平台、数字治理和数据共享领域的立法进一步增强其在全球数字规则领域的"布鲁塞尔"效应,为欧盟数字企业的发展争取更好的竞争环境,并通过"全球门户"战略加强以价值观为原则的全球数字基础设施投资。

在协调的单边行动方面,美欧逐步形成了以七国集团为核心、以美欧贸易和技术委员会为范本的"协调单边主义"数字监管范式。其特点是,强调以共同价值观为引领的可信数字生态体系,积极消除盟友内部的监管分歧,并设计贸易工具应对其在数字技术领域面临的共同挑战。在选择性多边行动方面,随着二十国集团/经济合作与发展组织应对经济数字化税收挑战双支柱方案的达成,美欧缓解了数字服务税的争端;多边的WTO电子商务谈判进展有限,仅在传统电子商务领域得到了成员的共识。

在竞争性区域行动方面,美欧以印太地区为核心竞争区域,分别通过美日印澳四方安全对话机制、印太经济框架、欧盟"印太战略"等提出了在数字基础设施、跨境数据流动规则、半导体供应链等领域与盟友合作的战略方案。

为了应对美欧"协调单边主义"在数字领域的挑战,中国积极完善国内立法,基本形成了以《网络安全法》《数据安全法》《个人信息保护法》三大法为主体、突出国家安全的数字规则体系,同时积极参与区域性和数字经济贸易协定,融入数字贸易治理进程。

从2021年美欧"协调单边主义"主导下的数字治理行动可以看出,全球数字治理体系的建构呈现出以下趋势:

第一,中美欧三大数字经济体分别形成了以国家安全优先、商业利益优先、个

人隐私优先的三种不同的数字经济监管模式,并在全球范围内扩大其影响力,全球数字监管裂痕将继续扩大;

第二,美欧与中国在数字规则和技术领域"脱钩"的基调已经形成;

第三,形成了以美欧贸易与技术委员会为范本的"协调单边主义"数字技术治理模式,数字监控单边协调意识形态化倾向越演越烈。

在数字技术领域,随着新冠疫情所导致的关键技术供应链脆弱性不断凸显,美欧对中国经济技术实力的增强和所谓非市场经济行为影响的担忧逐步增强;同时,由于经济实力、基础设施、关键技术发展的差异性,全球数字经济鸿沟不断增大,各国数字监管裂痕进一步扩大。美欧通过一系列"协调单边主义"行动不断扩大其关键技术和数字议程在全球范围内的影响力,力图确立全球数字监管规则体系创制的主导权。

第一章 协调单边行动举措

第一节 国别(组织)的单边行动

一、美国

在数字经济领域,美国一方面通过立法加强自身数字基础设施、技术创新等投资,另一方面单边限制中国通信和科技公司进入美国市场,并针对中国的数字监管特点设计相应的贸易工具以应对挑战。

(一)推进立法提升美国数字经济竞争力

2021 年 6 月 8 日,美国参议院通过了《2021 年美国创新与竞争法案》①。该法案集中体现了美国在数字技术领域与中国形成全面竞争的具体战略。其中,法案当中"芯片与 O-RAN 5G 紧急拨款"、《无尽前沿法案》《2021 年战略竞争法案》等部分集中体现了美国加强对自身数字基础设施的投资,以及与盟友联合应对中国技术挑战的方案。

在数字基础设施领域,该法案提出要加强对开放网络架构(含 Open-RAN 等)测试平台的投入和运作。在美国国家电信和信息管理局的电信科学研究所建立一个应用研究开放网络架构测试平台,并寻求利益相关者和国际合作伙伴的支持,授

---

① United States Innovation and Competition Act of 2021,S.1260,2021.

权在 2022 财政年度为该测试平台的管理拨款 2 000 万美元。①同时,与盟友分享华为的 5G 能力和中国政府在 5G 方面的扩展意图的信息,支持盟友确定对华为 5G 技术的替代方案。②建立"公共无线供应链创新基金",自 2022 财年起 10 年内每年为该基金拨款 15 亿美元,促进 5G 竞争中的"美国创新",帮助西方国家发展替代华为和中兴的设备,加快开放式无线接入网 5G 网络的部署和使用。③同时,授权国务卿建立一个"数字连接与网络安全伙伴关系",以帮助外国减少在 ICT 技术与供应链上对中国的依赖,提升美国产品与市场的占有率,促进开放、协作、可靠、安全的互联网,促进数据的自由流动,促进互联网的多边治理模型,促进有利于竞争和安全的信息技术政策与监管的政策及监管态度。计划在 2022—2026 财年,每年为该项目拨款 1 亿美元。④

该法案提出,美国必须在制定治理惯例和关键数字技术标准的国际机构中位居于领导地位,以确保在一个开放、安全、协作的、稳定的数字领域中运用这些技术;应当领导一项保障信息自由的国际行动,包括安全地接受或发布信息而不会遭受不恰当惩罚的信息自由;应当领导一项全球行动,以开发并采纳涉及关键技术的一整套普遍原则与标准,以保证此类技术无法被政府或其他实体恶意使用,以及保证这类技术对民主政治与人权不构成威胁;应当与欧盟、日本、中国台湾地区、五眼联盟成员及其他适合的经济体一道,就数字产品的双边或多边协定进行谈判;应当研究就数字技术与服务达成互惠同盟的外交谈判机会;同时,应当与盟友和伙伴一道,尽一切经济与外交渠道,领导一个对抗"数字威权"的国际行动。⑤

(二)限制中国企业进入美国数字基础设施领域

美国以保护国家安全为由,近几年来不断限制与中国实体的贸易往来和设备采购。在通信领域,2020 年生效的《2019 年安全和可信通信网络法》列出了包括华为和中兴在内的五家中国公司,禁止运营商使用联邦政府资金从联邦通信委员会黑名单列出的公司中购买设备,但没有禁止私人资金和非联邦政府资金购买设备,也没有阻止联邦通信委员会批准这些公司提交的设备授权申请。自 2018 年以来,该机构已经批准了 3 000 多份华为的申请。

---

① Section 2520,United States Innovation and Competition Act of 2021,S.1260,2021.

② Section 3245,3225,3256,3273,United States Innovation and Competition Act of 2021,S.1260,2021.

③ Section 1003,United States Innovation and Competition Act of 2021,S.1260,2021.

④ Section 3122,United States Innovation and Competition Act of 2021,S.1260,2021.

⑤ Section 3121,United States Innovation and Competition Act of 2021,S.1260,2021.

　　然而,拜登政府于 2021 年 11 月 11 日签署了《安全设备法案》,旨在阻止被判定为安全威胁的公司获得新的电信设备牌照,这意味着华为、中兴等五家中国公司的设备将无法再进入美国通信网络。同时,该法案允许撤销已经授予的牌照。2021 年 10 月,联邦通信委员会以国家安全为由撤销了中国电信子公司在美国运营的许可。从数字基础设施入手,以国家安全为名全面排斥中国通信科技企业进入美国,表明美国在数字技术领域与中国"脱钩"的态势初步形成。

　　(三)针对"数字威权主义"设计贸易工具

　　为了清除信息审查等数字贸易壁垒,并防止中国、俄罗斯、印度等国家的数字监管模式影响更多新兴经济体,美国加强对所谓"数字威权主义"的打击。在参议院通过的《2021 年创新与竞争法案》中,指示美国贸易代表向国会提交一份年度报告,列出利用审查制度作为数字贸易障碍的国家名单,并说明该机构为解决数字贸易障碍所做的努力。同时,总统将设立"中国审查监督和行动组",由国家安全委员会、财政部、商务部、贸易代表、联邦通信委员会等成员组成,对中国的信息审查制度、行为和影响进行调查并采取行动。①

　　2021 年 1 月,美国国际贸易委员会(International Trade Committee,ITC)根据《1930 年关税法》第 332 条启动了一项有关外国审查制度对美国公司影响的调查,并于同年 5 月份将该机构的调查扩大为两个部分——一部分侧重于影响美国企业的外国审查制度做法,另一部分侧重于这些做法的贸易和经济影响。ITC 计划在 2021 年 12 月 30 日前提交两部分调查的第一份报告,在 2022 年 7 月 5 日前提交第二份报告。国会将根据 ITC 对审查制度的调查中了解更多情况,然后再立法制定相应工具来解决该问题。

　　除此之外,美国还利用"民主峰会"来协调盟友利用出口管制、反监控、反审查技术等共同打击"数字威权主义"。美国国际开发署署长萨曼莎·鲍尔在 2021 年 12 月 10 日的"民主峰会"视频峰会上指出,美国将在 2022 年采取一系列新措施,帮助制定围绕技术和人权的全球规范。其中包括:美国国际发展署将每年投资最多达 2 000 万美元,扩大数字民主工作;美国和伙伴将使用出口管制工具防范扩散被用来侵犯人权的软件和科技;美国、加拿大和丹麦将启动"监控原则倡议",明确政府应该如何使用监控科技,落实《世界人权宣言》和法治的原则;一系列新的"肯定民主技术国际大挑战"将提供资金,帮助在下一代科技中注入民主价值观;美国将

---

① Section 3141,United States Innovation and Competition Act of 2021,S.1260,2021.

通过一项支持反审查技术的基金,来帮助封闭的社会获得开放的互联网;美国及其伙伴计划加强全球多方利益相关体的互联网治理系统。

二、欧盟

（一）完善数字治理规则,力图实现欧盟标准在数字领域的"布鲁塞尔效应"

虽然欧盟本土缺乏大型科技公司和数字巨头,但是欧盟依然试图通过制定区域内数字治理的高标准从而实现对全球数字技术规则的引领。为此,欧盟在 2021 年制定了全面的数字规则发展战略,并出台了相关重要法律。

2021 年 3 月,欧盟发布了《2030 年数字罗盘:欧盟数字十年战略》报告,为欧盟数字化转型发展提出战略目标。该战略提出将与成员国合作建立基于该战略的治理框架,旨在欧盟层面实施数字技能、数字基础设施、企业数字化和公共服务领域的十年目标,并确定和实施欧盟与成员国层面的大型数字项目。

数字立法方面,根据 2021 年 11 月 18 日欧洲数据保护委员会(EDPB)发布的《关于数字服务包和数据战略的声明》,该战略是由几个数字立法提案组成的,包括《数字服务法》(Digital Service Act,DSA)、《数字市场法》(Digital Market Act,DMT)、《数据治理法》(Digital Governance Act,DGA)、《欧洲人工智能方法条例》(Artificial Intelligence Regulation,AIR)和于 2022 年初出台的《数据法》。其中,《数字服务法》旨在规范各大小规模在线平台的非法内容、隐私保护、在线广告等行为;《数字市场法》①的适用对象是大型数字平台,目标是解决数字市场"守门人"不公平的商业行为,促进数字市场尤其平台环境的有效竞争;《数据治理法》旨在建立一个促进数据共享的框架,从而安全地实现公共机构持有的敏感数据的共享,规范私人行为者的数据共享;《欧洲人工智能方法条例》旨在规范人工智能发展,防范风险;《数据法》旨在建立一个框架,鼓励企业对政府(B2G)的数据共享。这些法案在 2021 年均有不同程度的进展。

（二）发布"全球门户"战略,加强以价值观为原则的全球数字基础设施投资

2021 年 12 月 1 日,欧盟正式发布"全球门户"(Global Gateway)战略。该项新的欧洲战略旨在促进数字、能源和运输领域的智能、清洁和安全的连接,并加强

---

① 该法案已于 12 月 15 日在欧洲议会通过,由于其对"守门人"的设定实际上指向美国科技数字巨头而备受关注。该法案规定了"守门人"的禁止性和限制性行为,如不得利用数据优势进行定向广告投放,限制"猎杀式并购",允许用户自主选择应用商店,不同数字平台信息实现同步互联互通等;同时明确违者会被处以其上一财政年度全球总营业额"不低于 4%、但不超过 20%"的罚款。

世界各地的卫生、教育和研究系统。该战略目标是在 2021 年至 2027 年之间调动 3 000 亿欧元的公共和私人资金,投资于那些能够以高标准、良好的治理、透明度来交付的项目,重点关注有形基础设施——如光纤电缆、运输通道、清洁电力传输线——以加强数字、运输和能源网络。从融资角度而言,出资方来自欧盟、各成员国、国家开发银行和欧洲各金融机构,并将动用可提供 400 亿欧元担保能力的欧洲可持续发展基金和 180 亿欧元的外部援助计划赠款;同时,还将进一步完善金融工具包,探索建立欧洲出口信贷工具的选项,以补充成员国现有的信贷安排。

值得注意的是,"全球门户"战略强调"民主价值观和高标准"、"善治和透明度"等核心原则,声明还提出"3 000 亿欧元中有一部分资金将用来帮助欧盟企业争夺在对象国的基建项目,因为在那里它们越来越需要同获得政府大力支持的外国竞争对手竞争"。欧盟委员会主席冯·德莱恩在回答该战略是否与中国有关时也表示:"这显然是对现有计划的替代。我们采取以价值观为基础的路线,将加大对项目的审查,以确保项目符合欧美的价值观和标准。"

第二节　协调的单边行动

一、七国集团

七国集团领导人联合声明提出,要"驾驭具有可信数据自由流动的数字经济",将跨境数据流动的边界限定在"可信"——具有共同价值观和相似规则体系的国家之间;4 月 28 日发表的七国集团数字和技术部长级会议宣言也提出,"将开放、民主社会的需要放在技术辩论的中心,并共同努力建立一个受信任、价值观驱动的数字生态系统"。

2021 年 4 月的七国集团数字与技术部长级会议宣言系统地从信息基础设施、数字技术标准、数据跨境流动、网络安全、电子商务、竞争合作等领域描述了七国集团构建数字生态系统的方案和目标,并为推进相关工作制定了路线图。2021 年 11 月 30 日,七国集团举行会议,就 4 月七国集团数字和技术部长级会议宣言中所确定目标的工作进展进行了通报:在确保信息基础设施供应链安全性、可靠性和复原力、促进数据自由流动、保障互联网安全和实现竞争合作方面进行了一系列对话讨论,在数字技术标准合作领域取得了进展,对电子可转移记录框架进行了范围界定并确定了改革路线图。

2021 年 10 月 22 日,七国集团贸易部长会议发布了《数字贸易原则》,标志着七国集团在构建开放的数字市场、推进可信数据自由流动、保护工人、消费者和企业利益、构建数字交易系统、推进公平和包容性全球治理等方面达成了初步共识,并形成了基本原则。该原则强调反对数字保护主义和独裁主义,在数据隐私保护、政府访问私营部门持有的个人数据、构建安全的企业数字贸易系统等美欧具有分歧的领域达成了中间立场。

二、TTC:跨大西洋数字监管协调

尽管美欧在数字和技术领域存在诸多分歧,但是双方在应对中国挑战这一核心问题上立场高度一致。TTC 的议程中很多与此相关,如对外国投资的审查、军民两用物品的出口管制、技术标准合作、开发具有创新性、可信的人工智能系统、基础设施和半导体供应链的安全与弹性、解决非市场和扭曲贸易的行为等。

为了应对共同挑战,TTC 成立了技术标准、气候和清洁技术、安全的供应链、信息和通信技术与服务安全和竞争力、数据治理和技术平台、滥用威胁安全和人权的技术、出口管制、投资审查、促进中小企业获得和使用数字工具、全球贸易挑战 10 个工作组来促进美欧双方的政策沟通与合作。

三、美日:跨太平洋的重要数字技术合作伙伴

在数字技术领域,美日双方确立了以下合作内容。

(1) 加强关键技术供应链合作。双方将在包括半导体在内的敏感供应链上合作,促进和保护对安全与繁荣至关重要的关键技术。

(2) 确保网络安全和开放性。双方重申对 5G 无线网络的安全性和开放性的承诺,并要确立可信赖的供应商。

(3) 增强"全球数字伙伴关系"。与盟友共同深化在生命科学和生物技术、人工智能、量子信息科学和民用空间的研究和技术发展方面的合作,促进投资,并提供培训和能力建设,以促进充满活力的数字经济,提高国家竞争力。

可以看出,美日数字技术领域的合作重点在于解决关键技术供应链的安全性问题,日本不仅在信息技术研发方面占有优势,而且是半导体供应链的重要组成部分,因此是美国关键技术供应链的重要合作伙伴,双方在技术、供应链和标准制定等领域会进一步加深合作;与此同时,鉴于日本的经济实力和在印太地区的地缘优

势,以及其希望抗衡中国在该地区影响力的诉求,其也成为美国推行其印太战略的重要盟友。

第三节　选择性多边行动

一、二十国集团—经济合作与发展组织

面对经济数字化、保护主义抬头和新冠肺炎疫情等带来的税收和财政挑战,由二十国集团(G20)委托经济合作与发展组织(OECD)主导设计的"双支柱"方案逐步成熟。2021年10月8日,G20/OECD包容性框架召开第十三次全体成员大会,136个辖区就国际税收制度重大改革达成共识,并于会后发布了《关于应对经济数字化税收挑战双支柱方案的声明》。

"双支柱方案"缓解了持续多年的美欧数字服务税的争端。近年来,法国等欧洲国家积极推动针对谷歌、亚马逊、苹果等大型科技企业在本国的经营活动征收数字税,美国强烈反对,随后对多个贸易伙伴的数字服务税发起"301调查",但最后决定暂缓落实相关报复性关税措施,以便推进多边渠道的国际税改谈判。此次支柱一的方案就要求大型跨国公司在其经营活动所在国也需纳税,以确保规模最大、利润最丰厚的跨国企业利润和征税权在各国之间更公平地分配。10月21日,在"双支柱"方案公布后不久,美国与奥地利、法国、意大利、西班牙、英国宣布就数字服务税争端达成妥协,同意在2023年支柱一方案生效后,取消征收数字服务税。从2022年1月到支柱一方案生效前的过渡期内,如果企业在这五国缴纳的数字税金额超过支柱一方案新规则生效后应缴的税金,其未来在这五国的税收可用超出部分抵扣。作为交换,美国将放弃针对这五国数字税出台的但尚未实施的关税报复措施。如果到2023年12月31日经合组织推动的国际税改协议仍未生效,欧洲五国的数字服务税将继续生效,而美国可实施报复性关税措施。

二、WTO电子商务谈判

WTO框架下的数字贸易规则主要体现在电子商务议题中,并未严格区分"电子商务"和"数字贸易"的概念。2017年WTO部长级会议上,71个国家和地区发表了第一份《电子商务联合声明》,推动WTO就贸易相关电子商务议题进行谈判。2019年,在瑞士达沃斯举行的电子商务非正式部长级会议上,包括中国在内的76

个 WTO 成员发表了第二份《电子商务联合声明》,确认启动与贸易有关的电子商务谈判,寻求尽可能多的成员国参与,以及在现有 WTO 协定和框架基础上建立高标准的电子商务国际规则。2020 年 12 月,《电子商务联合声明》成员共同编制了一份综合谈判文本,从内容上看,中美欧三方对源代码披露、数据跨境流动、计算设施本地化、数字服务税等问题分歧较大。

截至 2021 年底,参加 WTO 电子商务谈判的成员方已经达到 86 个。2021 年 12 月 14 日,联合召集人澳大利亚、日本和新加坡贸易部长发表联合声明表示,谈判在"在线消费者保护、电子签名和验证、未经请求的商业电子信息、开放政府数据、电子合同、透明度、无纸化交易以及开放的互联网访问等方面取得了实质性进展";在"有关关税的电子传输、跨境数据流、数据本地化、源代码、电子交易框架、网络安全和电子发票以及市场准入等领域进行了提案合并,并将从 2022 年初开始在这些领域加强谈判"。声明认为,"能允许和促进数据流动的条款是高标准和具有商业意义结果的关键,至关重要的是参与者之间要认同永不征收电子关税的做法"。联合召集人将安排并确保到 2022 年底,各方在大多数问题上达成一致的计划。

第四节　竞争性区域行动

一、美日印澳"四方安全对话"

2021 年,美国、日本、印度和澳大利亚"四方安全对话"领导人峰会举行了两次,3 月 12 日是线上会议,9 月 24 日首次面对面峰会在华盛顿召开。会议声明强调四国致力于促进"自由开放的印太区域",并加强在新冠疫苗、基础设施、科技与气候方面的合作,还发布了《关于技术设计、开发、治理和使用的四方原则》。与数字技术相关的内容主要有以下几个方面。

(1) 基于共同价值观和人权保护开发与使用技术。四方致力于把印太建设成为"一个自由、开放、包容、健康、以民主价值观为基础、不受胁迫的地区",强调技术设计、开发、治理和使用应由"共同的民主价值观和对人权的尊重"来决定。

(2) 加强印太地区基础设施建设。启动四方基础设施协调小组,领导透明、高标准的基础设施建设。其中,数字基础设施建设是重点内容。

(3) 促进开放、可访问和安全的技术生态系统。四方在 2021 年 3 月成立了关键和新兴技术工作组,在技术标准、半导体供应链计划、支持 5G 的部署和多样化和生物技术扫描等领域开展合作。

(4) 保护网络安全。启动四方高级网络小组,在包括采用和实施共享网络标准、开发安全软件、建设劳动力和人才以及促进安全和可信的数字基础设施的可扩展性和网络安全等领域持续改进。

虽然"四方安全对话"的声明中并没有提到中国,但是其内容具有明显的指向性,也是美国推进其印太战略的先手棋。美国希望通过印太地区的四个核心盟友,扩大其"协调单边主义"行动在印太地区的影响,尤其是在数字基础设施、半导体供应链、技术标准等方面对抗中国在印太地区的影响力。

二、欧盟的印太战略

欧盟的印太战略在数字技术领域的核心是解决基础设施、关键技术供应链的安全问题,同时,寻求在印太数字经济议程中体现欧盟基于规则的经贸秩序,确保民主价值观得以实现。这既是欧盟数字技术发展的战略需要,也是欧盟长期重视其规则标准在全球影响力的必然体现。

第二章　中国的立场与回应

面对欧美在数字规则领域日益强化的"协调单边主义"趋势,中国一方面积极制定"十四五"规划促进数字经济的创新力和竞争力,另一方面积极完善国内数字立法,建立健全数据监管和个人信息保护制度体系,并积极融入全球数字治理进程。

2021年12月,国务院发布了《"十四五"数字经济发展规划》,指出要"加快研究制定符合我国国情的数字经济相关标准和治理规则。依托双边和多边合作机制,开展数字经济标准国际协调和数字经济治理合作。积极借鉴国际规则和经验,围绕数据跨境流动、市场准入、反垄断、数字人民币、数据隐私保护等重大问题探索建立治理规则。深化政府间数字经济政策交流对话,建立多边数字经济合作伙伴关系,主动参与国际组织数字经济议题谈判,拓展前沿领域合作"。

2021年是中国数据安全和保护制度进程中具有里程碑意义的一年。《数据安全法》《个人信息保护法》相继出台并实施,一系列涉及关键基础设施、网络安全审查等行政法规和部门规章也相继实施或在酝酿之中,初步形成了以《网络安全法》《数据安全法》《个人信息保护法》三部法律为基石的数字经济法律体系。同时,坚持对外开放,积极参与WTO电子商务多边谈判、申请加入与数字规则相关的区域性贸易协定等。

第一节　初步构建了以三大基本法为基础的
网络数据法律体系

2021年,《数据安全法》和《个人信息保护法》相继出台并生效实施,加之2017年开始施行的《网络安全法》,初步构建了以网络安全、数据安全、个人信息保护为重点的网络数字领域三大基本法律制度体系。其中,《网络安全法》侧重于网络安全等级保护制度、网络关键设备和网络安全专用产品检测与认证体系、关键基础设施保护、网络安全审查、信息网络内容安全及网络安全监测预警和信息通报制度等;《数据安全法》主要监管数据处理活动,包括数据分类分级保护制度、重要数据和国家核心数据管理、数据安全风险预警及应急处置机制、数据安全审查制度和数据跨境流动监管等;《个人信息保护法》则规定了个人信息的保护,包括个人信息范围的界定、个人信息处理基本原则及具体规则、个人信息跨境流动规则、个人信息主体权利及保护、处理者的安全义务等。这三部网络数据基本法的出台,构成了我国网络安全和数据保护制度的顶层设计,为进一步细化数据治理规则奠定了重要基础。

三大网络数据基本法律之外,2021 年国家还出台了相关的配套法规规章,如《网络安全审查办法》《关键信息基础设施安全保护条例》《汽车数据安全管理若干规定(试行)》等;与此同时,《网络数据安全管理条例(征求意见稿)》《数据出境安全评估办法(征求意见稿)》《个人信息出境标准合同规定》《人脸识别技术应用安全管理暂行规定》,以及数据安全、个人信息保护的合规审计制度和相关标准规范等也在起草和征求意见阶段。

第二节　突出基于国家安全的跨境数据流动制度

跨境数据流动是数字贸易的前提和基础。当前,我国数据跨境流动制度突出"国家安全"的导向,以分级、分类管理为原则,在三部基本法和相关法规中都有体现。《网络安全法》明确了关键信息基础设施的个人信息和重要数据的跨境流动管理要求;《数据安全法》明确了重要数据的跨境流动管理要求;《个人信息保护法》明确了个人信息的跨境流动管理要求;部分特定行业(如金融、征信、地图、人口健康等)的管理规定明确了相应重点类型数据的出境要求。

根据上述法律体系,当前中国数据出境主要有安全评估、经专业机构进行的个人信息保护认证、与境外接收方订立标准合同以及例外情形四种形式。

一、安全评估

需要向网信部门申报数据安全评估的情形有:出境数据中含有重要数据[①]、关键信息基础设施运营者收集和产生的个人信息[②]、处理个人信息达到 100 万人的

---

① 参见《数据安全法》第 31 条、《数据出境安全评估办法(征求意见稿)》(2021 年 10 月 29 日)第 4 条。
② 参见《网络安全法》第 37 条、《个人信息保护法》第 40 条。

个人信息处理者向境外提供个人信息、累计向境外提供超过 10 万人以上个人信息或者 1 万人以上敏感个人信息以及其他情形等[①]。数据出境安全评估坚持事前评估和持续监督相结合、风险自评估与安全评估相结合的原则。对于什么是重要数据、重要数据的认定和分类办法等还在制定过程中。

二、经专业机构进行的个人信息保护认证

《个人信息保护法》规定个人信息出境的路径之一，是个人信息处理者"按照国家网信部门的规定经专业机构进行个人信息保护认证"[②]。目前，对于哪些专业机构有权进行认证、如何进行保护认证等问题，尚缺乏具体规则明确。

三、与境外接收方订立标准合同

《个人信息保护法》规定个人信息出境的路径之一是"按照国家网信部门制定的标准合同与境外接收方订立合同，约定双方的权利和义务"[③]。当前，《个人信息出境标准合同规定》也正在制定之中。

四、例外情形

除了上述三种方式外，《网络数据安全管理条例（征求意见稿）》规定，以下两种情形下，跨境传输网络数据无需通过安全评估、个人信息保护认证或根据标准合同与境外数据接收方订立合同：（1）网络数据处理者为订立、履行个人作为一方当事人的合同所必须向境外提供当事人个人信息的（如境内个人与境外企业订立劳动合同而向境外用人单位提供雇用所必需的个人信息，或境内个人跨境网购，向境外卖家提供必要个人信息等场景）；（2）为了保护个人生命健康和财产安全而必须向境外提供个人信息。可以看出，这两种情形均不涉及大规模数据向外传输，仅为满足特定情形下个案履行合同或保护安全的数据跨境传输需求。

综上所述，当前由于对数据分类方法和"重要数据"的认定细则尚不明确，对"关键基础设施"的认定尚需要各部门、各地区进一步细化，安全评估的实施办法、专业机构认证和标准合同的方式明确等方面还存在较多立法空白，现阶段我国数据实现跨境流动还存在实践操作上的困难。从目前的立法倾向可以看出，我国对重要数据、关键基础设施产生的数据，以及达到一定数量个人信息的出境，原则上

---

① 参见《数据出境安全评估办法（征求意见稿）》（2021 年 10 月 29 日）第 4 条。
②③ 参见《个人信息保护法》第 38 条。

都持保守态度,其立法原则和目标都重在确保"国家安全"。

第三节　加快参与数字领域的国际规则制定

在国际上,中国积极参与含有数字贸易规则的多边和区域性贸易协定。在WTO 电子商务谈判中,中国提出的文本主要表现在支持电子商务便利化的内容,在数据跨境流动、设备本地化、限制披露源代码等方面采取保守态度。由于全球范围内的数字鸿沟和监管裂痕普遍存在,中国商务部副部长兼国际贸易谈判副代表王受文表示:不是所有的 WTO 成员都能够接受电子商务规则,中国持开放的态度,可以采用联合声明倡议的方式,部分成员先达成一个协议即诸边的协议来解决这些领域内的一些具体规则问题。未来条件成熟了,让 WTO 所有的成员都加入。[①]

2021 年 4 月 15 日,中国向东盟秘书长正式交存《区域全面经济伙伴关系协定》(RCEP)核准书,成为非东盟国家中第一个正式完成核准程序的成员国。RCEP 于2022 年 1 月 1 日起对中国、文莱、新加坡、日本等 10 国生效。RCEP 是中国签署的第一个含有电子商务专章的区域性贸易协定。虽然 RCEP 在电子商务规则上原则性规定了不要求设施本地化[②]、允许为商业行为而进行的跨境数据流动[③],但是这两条规定依然要受限于国家安全或合法的公共政策目标[④],而且由于 RCEP 下的一般争端解决程序并不适用于电子商务章节[⑤],因而此类安全措施不会在法律上受到挑战。

2021 年 9 月 16 日,中国正式申请加入《全面与进步跨太平洋伙伴关系协定》(CPTPP);11 月 1 日,中国正式申请加入《数字经济伙伴关系协定》(DEPA)。与RCEP 相比,CPTPP 在要求数据跨境自由流动、限制设施本地化、限制或禁止披露源代码方面都有更高的要求。DEPA 是全球首个数字经济伙伴关系协定,以开放性、模块化、灵活性著称,一定程度上代表着未来数字经济规则的发展方向。当前,这两项申请正在与各成员方进行接触磋商。

---

① 冯迪凡:《大突破! 86 个 WTO 成员宣布电子商务谈判取得实质性进展》,《第一财经》,2021 年 12 月15 日。

② 参见 RCEP 第 12 章第 14 条第 2 款。

③ 参见 RCEP 第 12 章第 15 条第 2 款。

④ 参见 RCEP 第 12 章第 14 条第 3 款、第 15 条第 3 款。

⑤ 参见 RCEP 第 12 章第 17 条第 3 款。

第三章 "协调单边主义"数字监管规则发展趋势

从 2021 年度数字领域美欧"协调单边主义"的行动和中国的立场与回应可以看出,全球数字监管呈现以下几个特征:一是全球数字监管裂痕将继续扩大;二是美欧与中国在数字技术领域"脱钩"的基调已经形成;三是数字监控单边协调意识形态化倾向愈演愈烈。

第一节 全球数字监管裂痕将继续扩大

从上述美、欧、中三个主要数字经济体不同的数字监管规则和行为可以看出,由于数字贸易具有显著不同于传统货物和服务贸易的特征,各主要数字经济体形成了不同的监管理念和规则,全球数字规则碎片化程度加剧,数字监管裂痕不断扩大。主要原因有以下几个方面。

第一,由于数字贸易的显著特点是贸易在虚拟的网络空间中进行,因此,基于区域民族国家主权物理边界的现存全球多边贸易规则体系已无法适应数字贸易迅速发展的需要。

第二,由于缺乏管理数据的国际法律框架,各国的政策制定者基于不同的技术优势、监管理念等正在制定不同的规则和程序体系,并不断在国内和跨国范围内扩大对数字世界的管辖控制。

第三,数据治理体系中主要有三个主体:一是个人,提供原始数据并使用经过处理的数据;二是公司,处理原始数据并进行控制;三是国家,监管和规范所有数据的使用。不同的利益和监管理念往往导致优先事项的冲突:个人主张保护隐私,公司促进无阻碍的数据流动,而国家则关注安全影响。这三个群体之间的利益冲突在现实中的表现即为各种数字贸易壁垒,最常见的类型是以保护个人隐私或国家安全的名义对跨境数据流动进行限制。

鉴于上述原因，当前中、美、欧三个主要数字经济体形成了三种不同的数字监管理念和模式。

一、美国：商业利益优先

美国的数字监管模式坚持的是"商业利益优先"的监管思路，其主要目标是尽量降低因对数据跨境流动实施监管所带来的数字贸易壁垒，并主张政府在实现诸如消费者利益和隐私保护、税收征管、互联网和数据安全等其他监管目标时不应对商业数据跨境流动造成不必要的障碍。这种立场在美国的国内法和贸易协定中表现十分明显。

美国《1996年电信法》明确指出："保持目前存在的充满活力和竞争性的互联网和其他互动计算机服务的自由市场，不受联邦或州的监管。"[①]美国在其贸易协定中一直非常积极地促进数据跨境自由流动和消除数字贸易壁垒，如在《美国—墨西哥—加拿大协定》(United States-Mexico-Canada Agreement，USMCA)中，明确规定"任何缔约方不得禁止或限制以电子方式跨境转移信息，包括个人信息"，[②]"任何缔约方不得要求被保护人在其境内使用或设置计算机设施，作为在该境内开展业务的条件"。[③]美国贸易协定的目的是确保公司的商业利益不受过度限制的隐私保护和国家安全制度的不利影响，从而最大限度地实现以数据自由流动为基础的数字贸易发展。

美国之所以坚持商业利益优先的数字监管理念，主要原因在于美国数字企业具有最强的全球竞争优势，其在数据自由流动方面具有最大的商业利益；并且，美国在数字监管方面具有软硬件的底层技术优势，对全球互联网生态具有较强的掌控能力。因此，从美国的《创新与竞争法案》到在数字基础设施领域排斥中国企业和产品，都是为了保护美国在全球数字生态系统的控制地位和能力；与欧盟等国家协调打击"数字威权主义"，也是为了更好地在全球范围内输出"以商业利益优先"的数字监管模式，促进数据跨境自由流动，从而维护美国互联网企业的商业利益和竞争力。

---

① Telecommunication Act of 1996，47 U.S.C. 230 (b) (2)，https://www.law.cornell.edu/uscode/text/47/230.

② Article 19.11，USMCA.

③ Article 19.12，USMCA.

二、欧盟:个人隐私优先

欧盟的数字监管模式主要体现为"个人隐私保护优先"的思路,其主要目标是限制数据平台企业滥用用户数据,主张企业无论出于何种目的都必须在用户数据的收集、传输和使用等方面承担保护用户隐私的义务。这种理念始于欧盟将个人隐私作为一项"基本人权"进行保护,在欧盟的基本法中都有体现。[①]1995 年的《数据保护指令》禁止将个人数据转移到非欧盟国家,除非这些国家有被认为足够的隐私保护标准。[②]该指令在 2018 年被《一般数据保护条例》(General Data Protection Regulation,GDPR)所替代。GDPR 明确指出,"在处理个人数据方面对自然人的保护"是"一项基本权利"。在跨境数据流动方面,只有在经过充分性认定、签订标准合同或具备其他保障措施的严格条件下,个人数据才能转移到欧盟以外的国家。

从欧盟的"数字战略"和数据治理框架可以看出,欧盟的立法重点主要有两个方面。一是建立个人隐私保护的黄金标准,在全球的数字领域推进布鲁塞尔效应。这样既可以保护欧盟公民的权利和数据在单一市场内自由流动,又可以确立全球数字领域的欧洲标准。从现实来看,由于治外法权规则和充分性标准适用于监管单一市场以外的数据流动,越来越多的司法管辖区正在采用欧盟的标准。二是建立"数字主权"和"技术主权",以保护欧盟的核心利益并支持竞争力,减少对外界的依赖,特别是对美国和中国大科技公司的依赖。《数字市场法》《数字服务法》的提出就旨在规范大型数字平台和科技公司的行为,限制其网络规模效应所带来的特权,鼓励并促进欧洲中小企业创新,提升欧洲数字企业的竞争力。

三、中国:国家安全优先

中国的数字监管模式主要体现为"互联网和数据国家安全优先",主要目标是确保国家对关键基础设施和重要数据的安全可控,主张重要数据原则上在境内存储,可能影响到国家安全的数据跨境流动要经过监管部门的安全评估。目前,主要经济体中,除了中国之外,支持和实施这种监管思路的还有俄罗斯和印度等。

---

① Article 8, Charter of Fundamental Rights of the European Union, OJ C 326/391, 2012; Article 8, Convention for the Protection of Human Rights and Fundamental Freedoms, 312 U.N.T.S. 222, November 4, 1950.

② European Parliament and Council Directive 95/46/EC on the protection of individuals with regard to the processing of personal data and on the free movement of such data, OJ 1995 L 281, Nov. 23, 1995 pp.31—50.

国家安全优先的互联网和数字监管理念在我国的三部数字基本法中都有明确体现。2017年实施的《网络安全法》开篇就指出本法旨在"保障网络安全,维护网络空间主权和国家安全、社会公共利益"。①《数据安全法》《个人信息保护法》也有类似的规定。从数据跨境流动而言,目前我国采取的是分级、分类管理的原则,重要数据、核心数据和关键基础设施所产生的数据无法出境,虽然具体类别尚不明确,但其主要判断标准都是是否会对国家安全、社会秩序造成损害。对个人信息出境的类别、规模的限制也是主要出于国家安全的考量。对外方面,从目前我国已经参与的含有数字贸易的贸易协定看,有关跨境数据流动、数字设施本地化等内容,都可以援引国家安全或合法的公共政策例外。

由于在数字基础设施和竞争力方面的差距,"以国家安全优先"的数字监管理念和模式持续受到一些发展中国家的关注。据统计,在过去的四年中,世界范围内已经生效的数据本地化措施的数量是四年前的两倍。2017年,35个国家实施了67个数据本地化措施;到2021年,已有62个国家实施了144项此类措施,增长了一倍多,还有38项措施正在考虑和酝酿之中。②自2019年WTO电子商务谈判启动以来,由于担心数据流动会给国家安全和经济发展造成破坏,78个发展中经济体拒绝参与。③从谈判的阶段性成果来看,有关传统电子商务领域的规则已经基本达成共识,谈判难点也在于跨境数据流动和建立在此基础上的人工智能规则等领域。

可以看出,美、欧、中三种不同的数字监管模式是建立在自身不同利益和监管理念基础之上的。美国基于其在全球数字生态的底层优势和数字企业的商业利益,支持数据不受限制地跨境流动,其在互联网生态的先发优势也使得其技术和商业影响力远远超出了美国主权领土;欧盟根据其基于人权的理念,优先考虑数据流向那些隐私保护制度符合其高标准的国家;中国基于国家安全优先的理念,主张重要数据本地化,并通过软硬件等技术工具来实现目标。从三种监管方式的互动而

---

① 《网络安全法》第1条。

② Nigel Cory and Luke Dascoli, How Barriers to Cross-Border Data Are Spreading Globally, What They Cost, and How to Address Them, *Information Technology & Innovation Foundation*, July 19, 2021, https://itif.org/publications/2021/07/19/how-barriers-cross-border-data-flows-are-spreading-globally-what-they-cost.

③ Susan Ariel Aaronson, Data is Disruptive: How Data Sovereignty Is Challenging Data Governance, Hinrich Foundation, August 2021, https://www.hinrichfoundation.com/research/article/digital/data-is-disruptive-how-data-sovereignty-is-challenging-data-governance/.

言,美国通过技术和商业优势实现对全球数字市场的竞争性进攻,欧盟通过其在数字规则领域的"布鲁塞尔效应"实现制度型防守,而中国通过技术后发优势和内部市场规模优势实现互联网空间物理意义上的防守。

短期来看,这三种数字监管模式之间的分歧难以调和,将日益演变为相互竞争的体系,并不断扩大其在全球其他地区的影响力。全球数字监管裂痕日益扩大的趋势将进一步加速全球互联网和数字生态的分裂局面。为了应对中国在数字技术领域不断崛起的影响力,美欧试图通过"协调单边主义"弥合自身在数字规则领域的分歧,从而实现在数字技术供应链和规则领域与中国"脱钩"的目标。

第二节 美欧与中国在数字技术领域"脱钩"的基调已经形成

新冠肺炎疫情大流行加剧了全球关键技术供应链危机,加快了美欧通过"协调单边主义"与中国在数字技术领域形成"脱钩"的态势。

第一,有选择地在重点数字技术领域实现对华"脱钩"。面对中国深度融入全球价值链和技术创新能力的增强,美国不再寻求与中国全面竞争,而是选择有重点地在关键数字技术领域采取行动,如针对那些对国家安全和人权至关重要的技术对中国进行限制,并与产业界和其他盟友联合行动;同时,对一些不太重要的技术则允许正常的贸易和投资行为。通过这样"四两拨千斤"的方式,更加有针对性和高效地保持美国在数字技术生态系统的竞争优势。

第二,让中国"慢下来"和让联盟"快起来"同步进行。美欧无法改变中国的科技创新战略和数字产业政策,同时自身关键技术产业链的回归往往投资大、周期长,因此,为了实现对中国的相对优势,美欧通过出口管制、投资审查等"协调单边主义"行动,控制和限制关键数字技术、半导体要素及资金流向中国,压制中国通过贸易和投资扩张这种产业的能力,从而让中国"慢下来",为自身及其盟友的关键数字技术创新和产业链重塑创造时间窗口。同时,通过立法和政策引导的方式,加快吸引更多跨国公司在本土创建企业,加速关键技术创新,健全产业链布局。

第三节 数字监控单边协调意识形态化倾向愈演愈烈

在数字技术领域,拜登政府尤其强调以民主价值观为基础的"协调单边主义"战略。无论是七国集团的跨境数据流动,或是 TTC 有关贸易和数字治理的核心问题,都多次强调以"共同的价值观"为基础。从美国主导的七国集团提出的 B3W 倡议和欧盟的"全球门户"战略可以看出,两者在价值观导向、投资原则和投资领域方面高度重合。数字基础设施是美欧在两份战略中共同关注的投资领域,都强调是"以民主国家引导的以价值观驱动、高标准、透明的基建合作"。

可以看出,对数字技术发展的高度重视和寻求治理规则主导权的愿望,加速了所谓"志同道合"国家之间构建数字制度联盟的趋势。这种以意识形态划线的数字贸易规则重构的现象,不仅凸显了数字经济全球化时代贸易规则体系的独有特征,也加剧了全球数字技术治理标准和体系分裂的风险。中国将在坚持保护互联网和数据安全的基础上,探索更为有效的数字监管模式,以实现数字经济和贸易的进一步对外开放,提升我国在全球数字经济和贸易治理体系中的话语权。

第三部分
基础设施建设投资

内 容 摘 要

以美国为首的西方经济体日渐加强的"协调单边主义"给全球基础设施投资增添了更多的不确定性与竞争。美国于2021年6月发起了"重建美好世界倡议",希望通过七国集团、与国际金融机构的合作等方式,从气候、健康安全、数字技术、性别公平等领域入手,实现其补充国内基建投资并在海外的基建项目上彰显美国全球领导力的目的。欧盟于2021年1月发布了《互联互通和欧亚关系》决议,并于同年12月启动了"全球门户"战略。《互联互通和欧亚关系》决议拟通过联合国大会、亚欧会议和七国集团等平台来实施欧盟在基建领域的绿色过渡、数字转型、竞争和标准等战略目标。同时,该决议也重视欧洲与中国的合作。"全球门户"战略同样将通过七国集团平台与有相同价值观的国家的合作等方式来提升欧盟在数字领域、气候和能源、交通运输、健康、教育和研究等方面的国际影响力。日本向东盟提出了两项倡议——2021年5月提出的"亚洲能源转型倡议"和2022年1月提出的"亚洲未来投资倡议",来促进东盟地区的能源转型、数字化创新,并希望东盟地区能成为全球供应链的中心。日本政府还计划通过七国集团、联合国等平台争取更多的国际合作机会,来加大对日本自身的区域乃至国际影响力的宣传。

美欧日在全球基建领域的"协调单边主义"将对国际贸易产生长远影响。这些影响是多维度的,既涵盖了传统基建领域,也延伸到了新基建领域;既有传统的基建质量的衡量指标,也加大了在价值观、环境保护等"软维度"方面话语权的重视;既涉及世界不同区域的内部合作,又有对整个世界地缘政治格局的影响。

面对基建领域"协调单边主义"对国际贸易的影响,中国的态度既是积极的,又是审慎的。中国继续秉持包容合作的态度,愿意与美欧日在基建领域继续进行合作,共同发展、合作共赢。

基础设施建设历来是国际社会普遍关注的议题，自从中国提出"一带一路"倡议，并倡导建立亚洲基础设施投资银行以来，基础设施建设在全球多个层面产生广泛回响。近年来，美欧等西方发达经济体也各自提出了相关基础设施建设的倡议或构想。由于基础设施建设所带来的货物、资本、技术和人员的流动，以及由此构成的互联互通和贸易具有很大的相关性，因此各国基础设施建设倡议值得重视。2021年以来，美欧发达经济体在基础设施议题上的"协调单边主义"趋势愈发明显，与中国"一带一路"倡议竞争的色彩也愈加浓厚。

第一章　协调单边行动举措

第一节　国别（组织）的单边行动

一、美国

2021年，美国在国际上发起的有关基础设施建设行动主要为其在同年6月份提出的"重建美好世界"（Build Back Better World，B3W）倡议。拜登政府的目标是补充国内基础设施投资，创造新的机会彰显美国在国外的竞争力并在国内创造就业。[①]该项倡议由美国在西方七国集团峰会上提出，由美国领导、通过七国集团平台协调各方共同实施，聚焦于气候、健康和健康安全、数字技术、性别公平与平等四大领域，拟覆盖全球范围——从拉美、加勒比地区，到非洲和印太地区，覆盖世界各地的中低收入国家，帮助世界各地的发展中国家满足其40多万亿美元的基础设施建设缺口。该倡议有六项指导原则。

第一，价值观驱动。基础设施开发以透明和可持续的方式实施，争取为接受国

---

① Fact Sheet：President Biden and G7 Leaders Launch Build Back Better World（B3W）Partnership，Jun. 12，2021，https://www.whitehouse.gov/briefing-room/statements-releases/2021/06/12/fact-sheet-president-biden-and-g7-lNNNNeaders-launch-build-back-better-world-b3w-partnership/.

和社区带来更好的结果。

第二，良好的治理与强有力的标准。在有关环境和气候、劳工和社会保障、透明度、融资、建设、反腐败及其他领域秉持高标准原则，为接受的社区提供长期利益。

第三，气候友好型。投资将以与实现《巴黎协定》目标一致的方式实施。

第四，强劲的战略伙伴关系。与那些真正需要的、能从中长久受益和产生广泛影响的伙伴合作开发基础设施。

第五，通过开发融资调动私营资本。B3W 倡议承诺扩大开发融资工具，支持和带动更多私营资本参与基础设施建设。

第六，增强多边公共融资的影响。B3W 倡议将与国际金融机构合作，提高其带动效应，增强公私资本筹措，促进有影响和可持续的基础设施投资。B3W 倡议将秉持高标准，确保纳税人的资源以合适和有效的方式使用。

美国除通过双边和多边工具筹集的数十亿美元海外基础设施资金外，拟与国会合作扩大发展融资工具箱，并希望与私营部门、其他美国利害关系人和七国集团伙伴一起，在未来几年为中低收入国家带来数千亿美元的基础设施投资。按照计划，七国集团将设立一个工作组，并联合其他各方协调、优化努力，扩大影响范围。同时，美国政府也将与国际金融机构合作，提高其带动效应，增强公私资本筹措，吸纳多边开发银行和其他国际金融机构为项目计划、实施、社会和环境保护等方面制定的高标准。例如，美国寻求动用全部开发融资工具的潜能，包括发展金融公司、美国援助(USAID)、进出口银行(EXIM)、世纪挑战集团、美国贸易和开发署，以及其他如业务顾问基金等补充机构。

美国领导的 B3W 倡议，也将吸纳其于 2019 年联合澳大利亚和日本发起的"蓝点网络倡议"①中相关的高标准和相应的工具。"蓝点网络"是一种机制，用于认证符合高质量国际标准的基础设施项目，以促进世界可持续基础设施发展。"蓝点网络"的认证将作为资金、环境和社会方面可持续的基础设施项目的全球标志。"蓝点网络倡议"拟带动公共、私人和民间团体共同建设和资助高质量的基础设施项目。②

---

① The Launch of Multi-Stakeholder Blue Dot Network，Nov. 4, 2019，https://www.dfc.gov/media/opic-press-releases/launch-multi-stakeholder-blue-dot-network.

② Blue Dot Network，https://www.state.gov/blue-dot-network/.

二、欧盟

2021 年,欧盟在基础设施建设领域发起的行动主要是欧洲议会于 2021 年 1 月 21 日发布的《互联互通和欧亚关系》决议①和 2021 年 12 月 1 日欧盟委员会启动的"全球门户"战略。

(一)《互联互通和欧亚关系》决议

2018 年 9 月,欧盟发布《连接欧洲和亚洲——欧盟战略基石》政策文件。该文件建议欧洲与亚洲伙伴合作,通过可持续、全面和基于规则的方式互联互通。2019 年 9 月,欧盟和日本发布《欧盟—日本关于可持续互联互通和高质量基础设施的伙伴关系》。该声明表示,欧盟与日本的伙伴关系强调优先发展与西巴尔干地区、东欧、中亚、印太和非洲的可持续互联。

2021 年 1 月 21 日,欧洲议会发布了《互联互通和欧亚关系》决议。该决议是《连接欧洲和亚洲——欧盟战略基石》和《欧盟—日本关于可持续互联互通和高质量基础设施的伙伴关系》的扩展和延续。《互联互通和欧亚关系》决议回顾和重申了欧盟过去有关安全、发展、气候、投资、贸易和基础设施建设等方面一系列政策文件所倡导的原则和规划,并确立了七个领域为该战略的优先事项,分别是:绿色过渡,交通,数字转型,人员交流,贸易、投资、竞争和标准,健康,安全。在基础设施建设方面,该决议提出了环境友好、可持续、透明等理念,确定西巴尔干地区为优先的互联地区,拟通过联合国大会、亚欧会议和七国集团等平台来实施互联战略。强调 5G 基础设施在欧洲战略中的作用,重视关键基础设施的安全。在中国方面,决议重申了中国作为系统性对手的定位,呼吁各成员以一个声音对待中国。但同时,决议也重视"欧洲—中国互联平台"的合作,并强调与中国的合作中透明度和公平竞争的重要性。

(二)"全球门户"战略

"全球门户"战略是一项新的欧洲战略,旨在促进数字、能源和交通部门的智能、清洁和安全联系,并加强世界各地的卫生、教育和研究系统。"全球门户"建立在 2018 年《连接欧洲和亚洲——欧盟战略基石》、与日本和印度达成的互联互通伙伴关系,以及西巴尔干、东部伙伴关系和南部邻国的经济和投资计划的基础上,同时也高度关注非洲、中亚和拉丁美洲。"全球门户"战略拟提供可持续和高质量的

---

① European Parliament, Connectivity and EU-Asia Relations, Jan. 21, 2021, https://www.europarl.europa.eu/doceo/document/TA-9-2021-0016_EN.pdf.

项目,考虑伙伴国的需求,并确保当地社区的持久利益。这将使欧盟的合作伙伴能够发展他们的社会和经济,同时也为欧盟成员国的私营部门创造投资和保持竞争力的机会,确保最高的环境和劳工标准,以及健全的财务管理。"全球门户"战略拟在 2021 年至 2027 年期间,调动高达 3 000 亿欧元的投资,用于数字、气候和能源、运输、健康、教育和研究。"全球门户"战略的开展基于以下六大原则。

第一,民主价值观和高标准。"全球门户"战略是一个基于价值的模式。这意味着投资要符合法治、人权和国际规范。

第二,优良的治理和透明度。"全球门户"战略能提供透明度和项目的可持续性。

第三,平等的伙伴关系。"全球门户"的项目将与合作伙伴一起开发。这项项目将满足合作伙伴们的需求和机会,以及欧盟的战略利益。

第四,绿色和清洁。"全球门户"旨在支持欧盟的合作伙伴加快实现绿色转型并向循环经济迈进的战略。

第五,注重安全性。"全球门户"项目将是安全的,并且具有弹性来应对自然或人为灾害的安全和复原力。

第六,促进私营部门的投资。"全球门户"将吸引欧洲领先的工业、私营部门的知识和投资能力。

"全球门户"战略有五大关键合作领域。

第一,数字领域。加强欧洲和世界之间的联系,并帮助伙伴国家解决数字鸿沟问题,进一步融入全球数字生态系统。

第二,气候和能源。对缓解和气候复原力及清洁能源进行投资,支持绿色转型,促进绿色技术交流,加强能源安全。在《联合国气候变化框架公约》第 26 届缔约方大会(the 26th United Nations Climate Change Conference of the Parties, COP26)上,欧盟表示,"全球门户"战略同联合国的 2030 年议程、联合国持续发展目标及巴黎协定完全一致,并表示愿意通过"全球门户"中清洁、有弹性和一致性的基建计划,与美国等志同道合的伙伴一起解决气候危机。

第三,交通运输。促进世界范围内的基础设施投资,在所有运输方式中建立可持续、智能、有弹性、包容和安全的网络。

第四,健康。优先考虑供应链的安全和当地制造能力的发展。与伙伴国家合作,使其药品供应链多样化。

第五,教育和研究。投资于优质教育,包括数字教育,特别关注女孩和妇女及其他弱势群体的融入。协助伙伴国家改造其教育系统,并促进学生、工作人员、教师和受训人员的流动。与伙伴国家合作,加强研究和创新方面的合作。

欧盟明确表示,在实施"全球门户"战略的过程中,欧盟将与七国集团伙伴合作,与七国集团伙伴一同为全球基建和投资进程作出贡献①。在策划与落实"全球门户"战略的过程中,欧盟将积极与七国集团其他国家在政策、融资、项目的关联性、国际标准等方面进行协调,比如,欧盟将与美国的 B3W 倡议进行协调,设计出最有利于欧盟、七国集团伙伴与第三国的方案②。同时,欧盟表示将把"全球门户"战略作为它与国际伙伴的多边和双边峰会中的优先事项③,将通过与日本、印度、东盟国家、美国、加拿大、韩国等志同道合的合作伙伴关系来落实"全球门户"战略④。

三、日本

为了在亚洲的发展中占得先机,日本政府于 2022 年 1 月在《东盟—日本在后疫情时代的经济合作》这一文件中提出,日本将会基于以下三个原则⑤,大力推动在东盟的新的面向未来的投资("未来投资"):

第一,认真面对每个东盟国家的现实,为每个国家提供有效的解决方案;

第二,创新和可持续发展,充分利用私营企业的创新,为可持续的经济和社会发展奠定基础;

第三,日本与每个东盟国家都是平等和互补的合作伙伴,通过日本企业与东盟企业的合作,共同创造该地区的未来。

日本政府描绘了日本和东盟共同创造的、体现上述三个原则的三个理想的未来形象,具体如下:

---

① European Commission, Global Gateway: Up to €300 Billion for the European Union's Strategy to Boost Sustainable Links around the World, Dec. 1, 2021, https://international-partnerships.ec.europa.eu/news-and-events/news/global-gateway-eu300-billion-european-unions-strategy-boost-sustainable-links-around-world-2021-12-01_en.

②③④ European Commission, Joint Communication to the European Parliament, the Council, the European Economic and Social Committee, the Committee of the Regions and the European Investment Bank: The Global Gateway, Dec.1, 2021, https://op.europa.eu/en/publication-detail/-/publication/9ed75c36-536c-11ec-91ac-01aa75ed71a1/language-en.

⑤ Ministry of Economy, Trade and Industry Government of Japan, ASEAN-Japan Economic Cooperation in the Post-Pandemic Era, Jan. 10, 2022, https://www.meti.go.jp/press/2021/01/20220110001/20220110001-2.pdf.

（A）提高本地区作为全球供应链中心的吸引力；

（B）创造创新以加强可持续性和解决社会挑战；

（C）促进能源转型。

日本政府计划通过"亚洲未来投资倡议"（ASIA-Japan Investing for the Future Initiative，AJIF）和"亚洲能源转型倡议"（Asia Energy Transition Initiative，AETI）实现上述图景。关于这两项倡议，日本经济产业大臣萩生田光一在 2022 年初表示，2023 年日本将会是七国集团的主席国，日本将通过这些平台，来使各方的经济合作最优化①。

（一）"亚洲能源转型倡议"（AETI）

2021 年 5 月，时任日本经济产业大臣梶山弘志提出"亚洲能源转型倡议"（AETI）。通过该倡议，日本拟通过以下五项措施加大对东盟国家的投资。

第一，支持东盟国家制定能源转型路线图；

第二，介绍和传播亚洲绿色转型金融的理念；

第三，在未来五年内提供 100 亿美元资金来支持东盟国家可再生能源/节能和天然气等项目；

第四，成立 2 万亿日元的技术开发和示范支持基金；

第五，通过亚洲 CCUS（carbon capture，utilization and storage，即碳捕获、使用和储存）网络实现与东盟国家脱碳技术和知识的共享以及促进人才培育。

在 COP26 联合国气候变化大会上，日本首相岸田文雄承诺通过 AETI 来领导亚洲地区的能源转型②。日本经产省大臣萩生田光一指出，通过与东盟和东亚经济研究所（ERIA）的合作，"亚洲能源转型倡议"已经基于每个东盟国家的地理条件、经济和能源条件等，为东盟各国提出了最有效的能源转型"路线图"。此外，"亚洲能源转型倡议"将根据实现碳中和的"路线图"，继续为东盟国家的能源转型技术和项目提供 100 亿美元的资金以及人才支持。萩生田光一将 2022 年称为"亚洲能源转型元年"。接下来，基于日本的经验，日本政府将继续支持东盟国家推广可再

---

① Policy Speech by Minister of Economy，Trade and Industry Hagiuda Koichi，The Next Chapter of ASEAN and Japan Economic Cooperation in the Post-Pandemic Era，Jan. 10，2022，https://www.meti.go.jp/press/2021/01/20220110001/20220110001-4.pdf.

② Japan' Idea for Asia's Energy Transition：Swap Coal for Hydrogen，December 1，2021，https://japan-nrg.com/deepdive/japans-idea-for-asias-energy-transition-swap-coal-for-hydrogen/；COP26 World Leaders Summit Statement by Prime Minister Kishida Fumio，Nov. 2，2021，https://japan.kantei.go.jp/100_kishida/statement/202111/_00002.html.

生能源和管理项目,例如可再生能源的分布式电源、假设脱碳的电力系统、地热发电等。

(二)"亚洲未来投资倡议"(AJIF)

2022 年 1 月 10 日,日本提出"亚洲未来投资倡议"(AJIF),旨在明确后疫情时代日本与亚洲经济体(主要是东盟成员国)经济合作的方向。该倡议与前述"亚洲能源转型倡议"(AETI)成为日本今后加大对东盟投资的两项主要行动。"亚洲未来投资倡议"将在以下四个领域加大对东盟投资。

领域一:供应链投资。日本政府大力支持日本企业的供应链多元化,支持其企业在东盟地区建立生产基地或扩大现有的生产能力。推动对东盟数字化供应链管理的投资,创建一些通过利用大数据来避免供应链中断风险的示范案例。日本投资与出口保险公司(NEXI)和日本国际协力银行(JBIC)将帮助东盟国家加强数字供应链的建立。在东盟国家开发氢燃料汽车等下一代汽车市场,推动生物燃料的有效利用。继续与公共和私营部门合作,为东盟各国汽车产业链的发展做出贡献。

领域二:互联互通投资。继续投资东盟地区的硬件基础设施,同时加大软件的互联互通投资。积极推动东盟贸易程序的数字化。日本政府也希望减少与海关清关和其他贸易相关的进出口业务的费用,以扩大与东盟的贸易。在实现贸易证书数字化的同时,日本政府计划利用区块链技术搭建贸易平台,让各方在保证安全的同时能够实现信息共享。

领域三:数字化创新投资。投资东盟的新产业和数字创新,建设可持续发展的社会。支持日本和东盟的合资企业提出解决当地社会问题的方案,鼓励对新产业的投资以及与建设可持续发展社会相关的数字创新。

领域四:人才投资。继续支持企业向东盟地区派遣专家,让当地员工接受从生产技能到节能和网络安全的专业培训。在"亚洲投资倡议"下,日本政府将在未来 5 年内为 5 万名东盟当地高技能人才提供进入日本企业工作的机会。

第二章　中国的立场与回应

2021 年,美欧日等方相继提出的各种基础设施建设倡议对中国的挑战不言而喻,然而其中也蕴藏着合作沟通的机会。2021 年 7 月,国务委员兼外长王毅会见欧盟外交与安全政策高级代表博雷利时表示,中方欢迎欧方提出全球互联互通倡议,不认为欧方会狭隘地利用这一倡议来对冲中国的"一带一路"倡议。博雷利表示,欧方提出互联互通倡议绝不是要对冲中国的"一带一路"倡议,欧方愿意同中方加强互联互通关系①。因此,对西方各国的此类倡议,我们可以采取开放的态度,甚至不排除在一定条件合作的可能。

虽然美欧日高举其一贯绿色、透明、法治和可持续等高标准大旗,在传统基建产业与新基建产业对中国进行围堵,但从积极的角度来看,这样的竞争也有利于我们投资布局的升级与优化,以及中国自身治理模式的改进。2021 年 6 月 23 日,在"一带一路"亚太区域国际合作高级别会议期间,中国与印尼、阿富汗、孟加拉国和哈萨克斯坦等共 29 个国家共同发起"一带一路"绿色发展伙伴关系倡议,重申绿色低碳发展,建设环境友好和抗风险的基础设施,推进清洁能源开发利用,开发有效的绿色金融工具,为环境友好型和低碳项目提供充足、可预测和可持续融资。②2021 年 9 月 21 日,习近平主席在以视频方式出席第七十六届联合国大会时,宣布中国将大力支持发展中国家能源绿色低碳发展,不再新建境外煤电项目。③

总而言之,尽管 2021 年美欧等西方经济体在基础设施领域采取了诸多行动,但中国还是按照自己的节奏稳步持续推进"一带一路"倡议的各项建设。中国的全球基建投资计划也具有自身独特的优势——资金雄厚、执行力强等。同时,中国也

---

① 《王毅会见欧盟外交与安全政策高级代表博雷利》,2021 年 7 月 16 日,https://www.fmprc.gov.cn/wjbz_673089/xghd_673097/202107/t20210716_9175418.shtml.

② 《"一带一路"绿色发展伙伴关系倡议(全文)》,2021 年 6 月 24 日,http://www.gov.cn/xinwen/2021-06/24/content_5620487.htm.

③ 综合消息:《推动能源绿色低碳发展　为全球环境治理作出新贡献——海外舆论高度评价中国宣布不再新建境外煤电项目》,2021 年 9 月 24 日,http://www.gov.cn/xinwen/2021-09/24/content_5638993.htm.

在参考、借鉴、评估其他相关意见和建议,完善"一带一路"倡议规划。中国将秉持共商共建共享原则,坚持开放、绿色、廉洁理念,努力实现高标准、惠民生、可持续目标,引入各方普遍支持的规则标准,推动企业在项目建设、运营、采购、招投标等环节按照普遍接受的国际规则标准进行,同时尊重各国法律法规。中国将采取一系列重大改革开放举措,加强制度性、结构性安排,促进更高水平对外开放。①

---

① 《习近平在第二届"一带一路"国际合作高峰论坛开幕式上的主旨演讲(全文)》,2019 年 4 月 26 日,http://www.gov.cn/xinwen/2019-04/26/content_5386544.htm。

第三章　协调单边行动的趋势与影响

美国的 B3W 倡议,欧洲的"全球门户"战略,以及日本的 AJFI 和 AETI,其实施强度及对中国的"一带一路"倡议的冲击程度尚有待观察,但美、欧、日在基建领域协调单边行动的下述影响值得重视。

第一节　对新基建领域的影响

美欧日的全球基建行动涉及面很广,既涉及传统的基建产业,又涵盖新能源、数字技术等新基建产业。欧盟的《互联互通和欧亚关系》决议和"全球门户"战略既涉及交通运输,又涉数字转型、绿色能源、5G 通信等新兴产业。美国的 B3W 倡议和日本的 AJFI 和 AETI 亦在新基建方面抱有很大的企图。在融资渠道方面,美国的 B3W 倡议拟开发新的金融工具,B3W 倡议、"全球门户"战略都将同时调动公私资本以支持新基建投资。由此而言,中国的"一带一路"倡议在传统基建和新基建领域都将受到这些美西方国家基建计划的冲击。

第二节　"高标准"及价值观维度的新动向

美国 B3W 倡议的六项指导原则中明确提出"价值观驱动",在环境气候、劳工、社保、融资、反腐败等方面倡导"良好的治理与强有力的标准"。欧盟的"全球门户"战略也明确指出,其是一个基于价值观的模式,投资要符合法治、人权和国际规范,要确保最高的环境和劳工标准以及健全的财务管理。日本政府的"亚洲能源转型倡议"和"亚洲未来投资倡议",强调日本投资的透明性、开放性、制度健全性、经济合理性等。美欧日这些"高标准"和价值观维度的动向值得重视。

第三节　地缘领域的影响

美国的 B3W 倡议明确表示将与其七国集团伙伴合作，其"蓝点网络倡议"也将协同澳大利亚和日本联合行动。欧盟表示在实施"全球门户"战略的过程中将与七国集团伙伴、印度、东盟国家、韩国等志同道合的伙伴合作。日本政府也表示，"亚洲能源转型倡议"和"亚洲未来投资倡议"将通过七国集团等平台来促进日本与东盟国家合作的最优化。美欧日等方的基建计划虽未明确表示针对中国，但其排斥中国的色彩非常浓厚，其地缘领域的影响不容忽视。正如一位参与起草欧盟"全球门户"计划的外交官说，这份战略计划并未提及中国，但其中"写满了中国"。

第四部分
与贸易有关的环境和气候

内 容 摘 要

近年来,应对气候变化是全球关注的热点和重点。在各发达经济体国内层面,许多经济体为实现气候目标,正出台或调整其环境、工业政策,其中包括对进口碳密集产品收取调整费用的碳边境调节机制,该机制把气候问题与贸易关联起来,将改变贸易规则,影响碳密集产品的贸易。2021年7月,欧盟发布了关于碳边境调节机制的立法提案,若顺利通过,将从2023年开始实施。美国、加拿大、英国也同步在探索本国的碳边境调节机制。除了上述各经济体在影响贸易的气候政策上各自的单边行动外,在国际层面,2021年以美欧为主的发达经济体还在气候议程上进行了更频繁的接触,主要表现为美欧主导的双边倡议以及以七国集团为核心平台的利益协调,涉及与气候相关的技术、能源、供应链、贸易政策合作等多方面内容。从国际和国内两个层面的活动看,可以发现气候议程在2021年进一步加速向国际经贸领域延伸,而这一进程主要由美欧为主的发达国家推动并参与,表现出以单边措施为基础、以志同道合的贸易伙伴为对象的"协调单边主义"趋势。

其具体表现为,从国别来看,部分国家正在或者试图将碳边境调节机制作为本国应对气候变化的新工具;从协调的单边行动看,气候领域的合作被不同程度地纳入到美欧等与贸易伙伴的合作声明中,七国集团已成为发达国家处理气候合作问题的重要平台;从选择性的多边行动看,2021年美欧极力推动气候议程在WTO及联合国气候变化框架公约缔约方大会这类多边平台取得进展。这些行动将直接或间接地对国际经贸活动产生影响,可能将使全球贸易和投资在气候变化背景下逐渐形成新的格局。中国明确反对以单边的形式把气候问题扩大到贸易领域。美欧主导的气候议程下的协调单边行动,意图建立低碳市场、形成竞争优势并主导低碳经济,这将在一定程度上为中国的碳密集产品甚至清洁产品的贸易以及"一带一路"基础设施投资活动设置障碍,并给中国对外开放的国际环境带来更多挑战。

气候变化和环境保护是国际社会长期关注的问题,从《京都议定书》到《巴黎协定》,控制温室气体排放是主要应对手段,各缔约方应按照共同但有区别的责任原则自主管理其碳排放。但由此却产生了各国减排政策宽严不一的情况,造成了排放成本的差异,而目前要以多边方式调和各国碳排放政策,尚存在技术和政治意愿上的难度。对此,环境政策严格尤其是已经建立起碳定价制度的国家开始率先寻求填平其碳成本的工具,于是碳边境调节机制(Carbon Border Adjustment Mechanism, CBAM)在欧盟 2019 年的《欧洲绿色协议》中被重新提起,再次引起了全球对该问题的关注。由于欧盟 CBAM 的单边性质,国际上出现了许多反对意见和贸易保护主义的质疑,尽管如此,CBAM 仍对全球围绕此类政策的讨论产生了明显影响,并刺激了部分国家对该机制的探索。2021 年,随着欧盟 CBAM 的立法推进、《联合国气候变化框架公约》第 26 届缔约方大会(the 26th United Nations Climate Change Conference of the Parties,COP26)召开,气候问题保持热度,通过国内措施、国家之间的合作声明以及七国集团和 COP26 等国际平台,气候议程逐渐渗入多个领域,包括贸易规则、产品制造、技术创新、供应链安全与弹性、基础设施建设投资、能源转型等,气候问题逐渐与贸易甚至国家安全问题挂钩,并呈现出以美欧发达经济体为主的"协调单边主义"趋势。而围绕气候议程提出的低碳制造、解决碳泄漏、贸易规则现代化等主张,将带来多维度的影响,包括碳密集型产品的贸易、制造业供应链布局、规则的重构等,对此,我们重点关注该议题下与经贸有关的措施并将跟踪其未来的走势。

第一章　协调单边行动举措

与气候有关的协调单边行动主要包括:一是直接与贸易有关的气候目标工具,以碳边境调节措施为典型,该措施通过平衡本国和进口产品的碳成本,可发挥"保证市场公平竞争"以及"刺激市场对绿色生产的需求"的作用,由此影响甚至重构贸易规则;二是间接影响国际经贸的与气候、环境有关的生产政策、投资政策、供应链布局等,例如"产品的碳含量标准"方面的协调,这些行动可能将使全球贸易和投资在气候变化背景下形成新的局势。

第一节　国别(组织)的单边行动

一、美国

美国气候相关政策有两个特点。一是涵盖范围十分广泛,涉及有关碳的定价机制、产业或部门政策、减碳研发的融资和税收优惠、增强气候变化适应性,以及国际合作等诸多领域,这些政策意在重塑美国经济结构,将对贸易产生多方面的影响。二是美国气候变化政策受党派政治影响较大,如1998年克林顿政府签署《京都议定书》,2001年乔治·W.布什总统宣布美国不会加入《京都议定书》。2016年,奥巴马政府签署了《巴黎协定》。2017年6月,特朗普政府宣布美国退出《巴黎协定》。相较而言,美国民主党政府更重视气候问题。

(一)国会法案

2021年,美国提出的有关气候的法案很多[1],但直接与贸易相关的法案主要是规定了有关碳边境调整机制的法案。2021年,美国国会议员提出的含有碳边境调整机制的法案有五个,分别是2021年3月10日参议员杜宾提出的《美国清洁未来基金法案》(S.685法案)[2](与2021年4月12日众议员纽曼提出的H.R.2451法案相同),2021年4月1日众议员多伊奇提出的《2021年能源创新和碳红利法案》(H.R.2307法案)[3],2021年5月7日众议员菲茨帕特里克提出的《市场选择法案》(H.R.3039法案)[4],2021年6月6日参议院怀特豪斯提出的《拯救我们未来法案》(S.2085法案)[5],2021年7月19日参议员克里斯·库恩斯和众议员斯科特·彼得斯提出的《公平、可负担、创新和弹性的过渡与竞争法案》(S.2378法案)[6](库恩斯曾分别于2018年12月19日提出S.3791法案,于2019年7月25日提出S.2284法案两个类似的法案)。

---

[1]　根据美国国会研究局统计,截至2021年9月27日,第117届国会涉及气候的法案超过750个。参见 CRS, U.S. Climate Change Policy, R46947, Oct. 28, 2021, https://crsreports.congress.gov.

[2]　America's Clean Future Fund Act, S.685, Mar. 10, 2021.

[3]　Energy Innovation and Carbon Dividend Act, H.R.2307, Apr. 1, 2021.

[4]　Market Choice Act, H.R.3039, May 7, 2021.

[5]　Save Our Future Act, S.2085, Jun. 6, 2021.

[6]　Fair, Affordable, Innovative, and Resilient Transition and Competition Act, S.2378, Jul. 9, 2021.

目前,上述五个法案均未成为法律,但其内容具有相似性,其中多伊奇提出的 H.R.2037 法案已获得 92 位议员联署,得到较多支持。此处以 H.R.2037 法案为例,介绍有关美国碳边境费调整机制的国会立法情况。

H.R.2307 法案建议修改 1986 年《国内税收法》,在末尾处增加副标题:碳红利和碳费,设第 101(碳费)和 102(碳边境费调整)两章,其中第 102 章分别以 9908 节、9909 节、9910 节和 9911 节共四个条款规定了美国的碳边境费调整机制。分述如下:

第 9908 节:碳边境费调整。该节有(a)、(b)、(c)、(d)四个小节。(a)小节规定了碳边境费调整包括对碳征税和退税两个方面。(b)小节规定了碳边境费调整的目的是为保护动物、植物和人的生命与健康,通过防止碳泄露保护可耗竭的自然资源,以及便利创制国际协议。(c)小节规定了对进口到美国的涵盖燃料和碳密集产品征税,对于涵盖燃料征收的费用等于根据国内碳费对燃料的温室气体含量征收的包括处理排放的总碳费。对于碳密集产品征收的费用等于对该进口碳密集产品的温室气体含量征收的总碳费,如同该进口碳密集产品在国内生产并缴纳国内碳费。同时,规定财政部长可以根据外国减碳努力及相关价格情况对碳边境费进行调整。(d)小节规定了出口退税情况,规定涵盖燃料出口商可以获得等同于出口时被征收总碳费的退税(无利息)。碳密集产品出口商获得等于出口时被征收的温室气体含量总碳费的退税(无利息)。

第 9909 节:管理碳边境费调整。该节有(a)、(b)、(c)、(d)、(e)、(f)、(g)七个小节。(a)和(b)小节规定财政部长与环境保护署长商量制订实施碳边境费调整的法规和指南。管理碳边境费调整时,财政部长须与相关授权官员协作,包括与受碳边境费调整的地方政府合作。(c)和(d)小节规定了管理碳边境费调整时,财政部长应使用相应的方法、程序和必要或便利的数据。建立公平、及时、中立,以及如必要保密的程序,任何碳密集产品或任何涵盖燃料进口商可以据此提出申诉,以修正财政部长所确定的其碳边境费调整的责任;任何美国产品出口商可以据此提出申诉,以把出口产品纳入碳密集产品名单;任何碳密集产品或任何涵盖燃料进口商可以据此提出申诉,以修正财政部长所确定的其碳边境费调整退税。(f)和(g)小节规定了美国海外领土有关征税和退税的问题。

第 9910 节:碳边境费调整收益的分配。本节规定了征收的碳税可用于补充 2022 财政年度及以后对管理碳边境费调整的海关和边境保护部门的开支,以及对绿色气候基金的拨款。

第 9911 节:条约与国际合作。该节规定国务卿有权更改碳边境费调整中违反国际法的内容；国会鼓励国务卿或其指派人与其他国家开展谈判以达成减排条约、环境协定、议定书或任何其他文件，并尊重共同但有差别原则；同时规定财政部长可根据国际条约或他国减排情况全部或部分中止碳边境费调整。

除上述内容外，H.R.2307法案中有关"碳密集产品"和"涵盖燃料"两个概念值得注意。

（1）碳密集产品。碳密集产品是指财政部长与环境保护署长磋商后确定的排放密集和可贸易的任何制造品或农产品，涵盖燃料除外。在财政部长制订确认碳密集产品的规则之前，下述产品应被认为碳密集产品：钢、铁、钢铁产品（包括管道）、铝、水泥、玻璃（包括平板、容器、特种玻璃和纤维玻璃），纸浆、纸、化学制品，或工业陶瓷制品。

（2）涵盖燃料。涵盖燃料指原油、天然气、煤，或任何来源于原油、天然气或煤的使用中会向大气排放温室气体的产品。

总之，从该法案看，美国碳边境费调整的涵盖范围非常宽泛，凡易于碳泄露的任何经济部门或其产品，都可能被征收碳边境税，其实施将对国际贸易带来重大影响。

（二）美国总统行政令

2021年，拜登总统发布的有关气候变化的行政令①主要有五个②，分别是2021年1月20日发布的《关于保护公众健康和环境以及恢复科学应对气候危机的行政命令》③，2021年1月27日发布的《应对国内外的气候危机》行政令④，2021年5月20日发布的《与气候相关的金融风险行政令》⑤，2021年8月5日发布的《关于加强美国在清洁汽车和卡车方面的领导地位》的行政命令⑥，2021年12月8日发布的

---

①　2021年，拜登政府出台了一系列有关气候的政策文件，包括倡议、计划、行动和行政令等，由于行政令更具效力和影响，此处以行政令为例来说明其气候政策及其对贸易的可能影响。

②　2021年5月7日还发布了有关机构设置的《设立气候变化支持办公室的行政令》，详见：https://www.whitehouse.gov/briefing-room/presidential-actions/2021/05/07/executive-order-on-the-establishment-of-the-climate-change-support-office/。

③　Executive Order on Protecting Public Health and the Environment and Restoring Science to Tackle the Climate Crisis，Jan. 20, 2021，https://www.whitehouse.gov/briefing-room/presidential-actions/2021/01/20/executive-order-protecting-public-health-and-environment-and-restoring-science-to-tackle-climate-crisis/。

④　Executive Order on Tackling the Climate Crisis at Home and Abroad，Jan. 27, 2021，https://www.whitehouse.gov/briefing-room/presidential-actions/2021/01/27/executive-order-on-tackling-the-climate-crisis-at-home-and-abroad/。

⑤　Executive Order on Climate-Related Financial Risk，May 20, 2021，https://www.whitehouse.gov/briefing-room/presidential-actions/2021/05/20/executive-order-on-climate-related-financial-risk/。

⑥　Executive Order on Strengthening American Leadership in Clean Cars and Trucks，Aug. 5, 2021，https://www.whitehouse.gov/briefing-room/presidential-actions/2021/08/05/executive-order-on-strengthening-american-leadership-in-clean-cars-and-trucks/。

《通过可持续性促进清洁能源产业和就业》行政令①。这些行政令内容涉及应对气候危机、推进环境正义、保留和恢复土地和水域、更新基础设施建设和转向清洁交通、促进清洁能源投资和加强联邦可持续性等各个方面,内容相互关联、相互补充,涉及应对气候变化的各方面。尽管这些行政令没有对国际贸易做出具有直接影响的规定,但行政令所推动的产业结构调整和去碳化,却对国际贸易有着持久和深远影响。举例如下。

1.《应对国内外的气候危机》行政令

2021 年 1 月 27 日,拜登政府发布了《应对国内外的气候危机》行政令,其内容包括:将气候危机置于美国外交政策和国家安全考虑之中心;采取政府整体措施应对气候危机;以联邦政府的足迹和购买力为榜样,指示联邦机构采购无碳污染的电力和清洁、零排放的车辆,以创造高薪、工会工作并刺激清洁能源产业;重建基础设施以实现可持续经济;促进保护、农业和造林;振兴能源社区;确保环境正义并刺激经济增长机遇等。

2.《关于加强美国在清洁汽车和卡车方面领导地位》行政令

2021 年 8 月 5 日发布的《关于加强美国在清洁汽车和卡车方面的领导地位》的行政命令,目标是 2030 年销售的所有新乘用车和轻型卡车中,有 50% 是零排放汽车,包括纯电动汽车、插电式混合动力汽车或燃料电池电动汽车。政府将通过制定明确的标准,扩大关键基础设施,刺激关键创新,并投资于美国汽车工人来推进这些目标,以改善经济和公共健康,提高能源安全,确保消费者的储蓄,推进环境正义,并解决气候危机。

3.《通过可持续性促进清洁能源产业和就业》行政令

2021 年 12 月 8 日发布的《通过可持续性促进清洁能源产业和就业》行政令,努力转向 100% 零碳污染电力,零排放船队、建筑,提高能源和用水效率,可持续采购和可持续供应链,环境正义,以及对联邦雇员的教育和培训等,目标是到 2050 年零净排放。

二、欧盟

欧盟的气候相关政策涉及的领域同样非常广泛,最新的政策主要以 2019 年的

---

① Executive Order on Catalyzing Clean Energy Industries and Jobs Through Federal Sustainability, Dec. 8, 2021, https://www.whitehouse.gov/briefing-room/presidential-actions/2021/12/08/executive-order-on-catalyzing-clean-energy-industries-and-jobs-through-federal-sustainability/.

《欧洲绿色协议》为基础,欧盟围绕该协议下新的气候目标制定了一系列行动。2021年,欧盟的主要气候政策可分为直接与贸易有关的以及间接影响贸易和投资的行动计划两大类。

（一）直接与贸易有关的气候政策

在直接与贸易有关的气候政策方面,欧盟率先走出了实质性的一步。2021年7月14日,欧盟委员会公布了CBAM立法提案①。该提案旨在通过对出口到欧盟的某些产品收取碳排放费用,调节欧盟与境外有关产业在碳排放上的成本差异。目前,CBAM提案正由欧洲理事会和欧洲议会进行审议,顺利的话将于2023年1月1日开始施行。

根据提案的内容,CBAM计划对从欧盟以外进口的钢铁、铝、水泥、肥料和电力征收碳排放费用,具体的收费方式是将上述货物进口的数量、每生产一吨上述货物实际排放的二氧化碳当量以及欧盟碳排放交易市场一周配额拍卖的平均价格三个要素相乘,再减去进口货物在第三国已经支付的碳价。第三国的碳排放市场与欧盟的排放交易市场已经挂钩的,可免予缴纳CBAM费用,主要内容参见表4-1。

CBAM对贸易的影响主要与各国与欧盟的贸易强度以及该产品的碳排放强度有关。从2020年欧盟的贸易数据来看,受CBAM影响最大（按CBAM产品占该国出口欧盟产品的比例）的前十个国家为乌克兰、塞尔维亚、阿联酋、俄罗斯、印度、土耳其、中国、英国、韩国、美国（见图4-1）。此外,上述国家也是欧盟产品的主要出口目的地,欧盟2020年的全球产品出口总额为23 710.96亿美元,向前述十国出口的产品份额为13 794.79亿美元,占欧盟出口总额的近60％②,这亦增加了上述十国基于欧盟CBAM措施而对欧盟采取贸易报复或反制的可能。

目前的CBAM提案只是初步版本,欧盟正在综合盟内外的意见考虑CBAM的实施方案,例如何时覆盖更多的产品门类和上下游、产品间接排放所产生的温室气体、欧盟免费配额的取消时间等。从欧盟的态度来看,CBAM的实施基本已经

---

① European Commission, Proposal for a Regulation of the European Parliament and of the Council Establishing a Carbon Border Adjustment Mechanism, COM/2021/564 final, Jul. 14, 2021, https://eur-lex.europa.eu/legal-content/en/TXT/?uri = CELEX：52021PC0564.

② Gary Clyde Hufbauer, Jisun Kim, Jeffrey J. Schott, Can EU carbon border adjustment measures propel WTO climate talks?, Peterson Institute of International Economics, Nov. 2021, https://www.piie.com/publications/policy-briefs/can-eu-carbon-border-adjustment-measures-propel-wto-climate-talks.

确定,需要持续关注 CBAM 提案可能的修改。

表 4-1   欧盟 CBAM 的主要内容

生效时间	2023.1.1	
实施阶段	2023.1.1—2025.12.31:过渡阶段,仅收集信息 2026.1.1:全面实施,开始收费	
涵盖的产品	CBAM 附件 1 所列的,以 CN 编码的钢铁、铝、肥料、水泥产品以及电力的进口	
涵盖产品的 进口申报	由谁申报	各成员主管部门授权的进口商
	申报的内容	• 上一年进口产品的总量 • 进口产品的排放总量 • 扣除已支付碳价和按免费配额调整后,应该缴纳的 　CBAM 证书数量
	何时申报	每年 5 月 31 日前
产品的排放 量计算	1. 实际排放	首先以该产品生产中的实际排放量作为计算依据
	2. 出口国的平均排 放值	无法提供生产中的实际排放数值,则以产品在出口国的 平均排放强度为基准
	3. 默认值	上述数据无法准确提供,按欧盟生产该产品碳排放量最 大的前 10% 设施的平均排放值进行确定
CBAM 证书	定义	代表一吨二氧化碳当量排放的电子格式证书
	销售	成员国的主管机关向授权进口商销售
	价格	欧盟 ETS 配额一周的平均收盘价
	缴纳	每年 5 月 31 日前核缴
	流通	CBAM 证书不能进行交易,剩余的 CBAM 证书由主管 机关回购或注销
管辖范围	欧盟以外的国家和地区,附件 2 所列的国家和地区除外(即冰岛、列支敦士登、 挪威、瑞士四个国家以及欧洲部分地区)	
豁免条件	第三国使用欧盟 ETS 或第三国碳市场与欧盟 ETS 市场挂钩,可免于缴纳 CBAM 证书	
罚　款	未按期足额缴纳 CBAM 证书,每少缴一个证书罚款 100 欧元且仍需补缴	

资料来源:在 Gary Clyde Hufbauer, Jisun Kim, Jeffrey J. Schott, EU's proposed CBAM would cover a small share of its imports but leave exports open to retaliation, Peterson Institute for International Economics, Nov. 3, 2021,一文基础上,根据欧盟委员会 CBAM 立法提案内容整理。

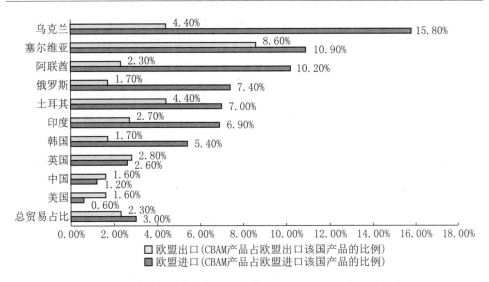

图 4-1　2020 年度欧盟对十大贸易伙伴就 CBAM 涵盖产品的进出口份额比较

资料来源:Gary Clyde Hufbauer, Jisun Kim, Jeffrey J. Schott, EU's proposed CBAM would cover a small share of its imports but leave exports open to retaliation, Peterson Institute for International Economics, Nov. 3, 2021, https://www.piie.com/research/piie-charts/eus-proposed-cbam-would-cover-small-share-its-imports-leave-exports-open。

(二)间接影响贸易和投资的行动计划

上述 CBAM 是欧盟"Fit for 55"一揽子计划中的一项,除了 CBAM 外,"Fit for 55"一揽子计划还包括对一系列影响气候和环境政策的修订提案,以实现欧盟到 2030 年排放量比 1990 年下降 55％的目标。除了"Fit for 55"一揽子计划外,另一项重要计划是欧盟 2021 年 12 月 1 日发布的"全球门户"(Global Gateway)计划。该计划建立在 2018 年欧亚互联互通战略、与日本和印度缔结的互联互通伙伴关系以及西巴尔干、东方伙伴关系和南部邻国的经济和投资计划之上,将在 2021 年至 2027 年间动员高达 3 000 亿欧元资金,用于支持气候和能源、数字、运输、健康及教育和研究领域的投资,并以价值观为导向、坚持高标准和透明原则。

此外,欧盟在 2021 年还发布了一系列与气候环境有关的政策,将会在制造业、能源、交通、农业等多领域采取减排措施,部分行动对贸易和投资可能产生间接的影响效果。对此,我们就 2021 年度出台的气候相关政策进行了简要梳理(见表 4-2),以期从更全面的视角观察和思考这些政策间的联系。

表 4-2　2021 年度欧盟与气候环境有关的战略政策

发布时间	文件名	主　要　行　动
2021.2.24	《打造一个适应气候变化的欧洲——欧盟适应气候变化的新战略》①	该战略有四个基本目标：使适应更智能、更快、更系统，并加强适应气候变化的国际行动
2021.5.5	《更新 2020 年工业战略：为欧洲的复苏建立更强大的单一市场》②	提出新措施加强欧盟单一市场的弹性，关注解决欧盟技术和工业的战略依赖性，包括致力于使国际供应链多样化，探索国际伙伴关系与合作以解决战略依赖；采用标准化策略；制定通过公共采购确定和解决战略依赖关系的指南
2021.5.5	《迈向具有竞争力和清洁的欧洲钢铁》③	推动全球的公平竞争环境；在新成立的经济弹性小组内积极促进七国集团的弹性工作，并促进工业脱碳；作为七国集团国家之间更密切合作的关键领域
2021.7.6	《气候、环境保护和能源国家援助指南》修订提案④	以广泛和灵活的方式支持经济脱碳，扩大成员国可以支持的投资和技术的类别，包括可再生能源、能源效率措施、清洁交通、基础设施、保护和恢复生物多样性以及确保能源供应安全的措施等；竞标作为分配援助和确定援助水平的默认机制
2021.7.14	"Fit for 55"一揽子计划⑤	就多项影响气候、能源领域的立法提出了一系列改革意见，包括修订欧盟排放交易体系、建立碳边境调节机制的提案、能源税指令的修订、修订为新乘用车和新轻型商用车制定二氧化碳排放性能标准的法规等

资料来源：根据公开资料整理。

---

① European Commission, Forging a Climate-resilient Europe-the New EU Strategy on Adaptation to Climate Change, COM(2021) 82 final, Feb. 24, 2021, https://eur-lex.europa.eu/legal-content/EN/TXT/?uri=COM:2021:82:FIN.

② European Commission, Updating the 2020 New Industrial Strategy: Building a stronger Single Market for Europe's Recovery, COM(2021) 350 final, May 5, 2021, https://eur-lex.europa.eu/legal-content/EN/TXT/?uri=COM:2021:350:FIN.

③ European Commission, Towards Competitive and Clean European Steel, SWD(2021) 353 final, May 5, 2021, https://eur-lex.europa.eu/legal-content/EN/TXT/?uri=COM:2021:350:FIN.

④ European Commission, Public Consultation on the Revised Climate, Energy and Environmental Aid Guidelines(CEEAG), Jul. 6, 2021, https://ec.europa.eu/competition-policy/public-consultations/2021-ceeag_en.

⑤ European Council, Fit for 55, https://www.consilium.europa.eu/en/policies/green-deal/fit-for-55-the-eu-plan-for-a-green-transition/#:~:text=Fit%20for%2055%20refers%20to%20the%20EU%E2%80%99s%99s%20target,framework%20for%20reaching%20the%20EU%27s%20climate%20objectives%2C%20which%3A.

　　欧盟的上述政策主要是 2019 年绿色新政要求的具体落实,以实现欧盟在 2050 年达到气候中立的目标。从 2021 年度来看,5 月份发布的《更新的 2020 年工业战略:为欧洲的复苏建立更强大的单一市场》(以下简称《更新的工业战略》)以及 7 月份发布的"'Fit for 55'一揽子计划"是相对重量的文件,其中包含详细的行动或者立法修订文件,部分举措值得进一步关注。

　　第一,欧盟在经济脱碳和确保供应链弹性上的国际合作。例如,在《更新的工业战略》中,欧盟提到"可能会选择与最亲密的盟友和合作伙伴集中资源,建立更强大、更多样化的替代供应链。跨大西洋关系以及扩大和邻里政策以及与其他伙伴和贸易集团的贸易协定是努力的方向。对于前者,拟议的欧盟—美国贸易和技术委员会可以提供一个合作平台"[①]。由此,可看出欧盟在解决供应链依赖性上,有通过国际伙伴关系以及自由贸易协定方式来延伸其政策主张的计划,应当密切关注其具体的动作。此外,欧盟"全球门户"计划中以价值观为导向的基础设施绿色投资也值得密切关注。

　　第二,欧盟意图在制定全球标准上保持影响力。《更新的工业战略》中提到了欧盟想要在制定全球标准方面保持影响力,这可以支持欧洲在标准化的利益以及在某些共同利益领域上与伙伴合作时采取更加自信的立场。在气候和环境领域,欧盟认为,建立起在氢气、电池、海上风电、安全化学品等方面的全球领导地位是欧盟产业竞争力和弹性的关键问题,因此欧盟在解决其工业绿色转型中的标准化需求的同时,也意图将其在这些领域的标准上升到引领全球的地位。

　　第三,欧盟碳排放交易市场指令的修改。随"Fit for 55"一揽子计划公布的还有修订欧盟排放交易体系(ETS)的提案,该提案是一揽子计划的核心之一。修订后 ETS 免费配额将大幅减少,总配额的线性折减系数(LRF)也将从原来的每年 2.2% 提升到 4.2%,这会显著提升碳价及各行业企业在欧盟碳交易体系的成本。鉴于上述 CBAM 费用的收取将与 ETS 的配额价格挂钩,未来欧盟碳价的上涨也将严重影响进口产品的成本。

三、英国

　　英国脱欧后,本国的排放交易计划(UK ETS)于 2021 年 1 月 1 日开始实施。

---

　　① European Commission, Updating the 2020 New Industrial Strategy: Building a stronger Single Market for Europe's Recovery, May 5, 2021, https://eur-lex.europa.eu/legal-content/EN/TXT/?uri = COM: 2021:350:FIN, p.13.

该计划的设计和覆盖范围与欧盟 ETS 几乎相同,英国因此也在考虑与欧盟 ETS 融通的方案。目前,英国为有碳泄漏风险的部门提供免费配额,但有研究认为这样的做法不太可能激励英国的长期脱碳①,因此英国开始考虑引入自己的 CBAM。

在 2021 年初,英国环境审计委员会的报告《更好地发展:将自然和净零排放置于经济复苏的核心》建议英国政府根据钢铁和汽车制造业关于碳泄漏风险的证据,调查 CBAM 的优点②。到 2021 年 9 月,英国环境审计委员会开始启动了关于英国实施 CBAM 的调查,以研究 CBAM 在解决潜在碳泄漏和实现英国环境目标方面可能发挥的作用,以及如果英国政府引入单边的 CBAM,可能产生的更广泛的影响、风险和机遇。该调查于 2021 年 10 月 25 日关闭了意见提交通道,目前进入证据讨论阶段。

表 4-3　英国实施 CBAM 考虑的主要问题

• 碳泄漏对英国构成哪些风险? 政府目前解决碳泄漏问题的效果如何
• 碳边境调整机制(CBAM)在解决碳泄漏和实现英国环境目标方面可以发挥什么作用
• 政府是否应该采取单方面的 CBAM;如果是这样,为什么以及应该采取什么形式;如果没有,政府是否应该考虑其他方法来解决碳泄漏问题
• 如果政府要引入 CBAM,哪些产品或部门应该包括在内,为什么
• CBAM 可能对英国工业、就业和消费者产生什么影响
• 在设计和实施 CBAM 时需要管理哪些风险
• 引入 CBAM 可能会带来哪些更广泛的机会和好处
• CBAM 如何与英国的国际义务相互作用
• CBAM 设计是否应包括任何特别关注,例如对发展中国家或中小型企业
• 在设计和实施 CBAM 时,可能会出现哪些实际和管理挑战,如何解决这些问题

资料来源:根据英国议会网站环境审计委员会发布的资料整理,参见 https://committees. parliament.uk/call-for-evidence/600/。

四、加拿大

加拿大积极推动与贸易有关的环境和气候政策的发展。特鲁多政府在《巴黎协定》国家自主贡献(Nationally Determined Contribution,NDC)中承诺加拿大到

---

① The Climate Change Committee, Policies for the Sixth Carbon Budget—The UK's Path to Net Zero, Dec. 2020, p.101.

② Environmental Audit Committee, Third Report of Session 2019—2021, Growing Back Better: Putting Nature and Net Zero at the Heart of the Economic Recovery, HC 347, paras 134—135, 229.

2030 年将比 2005 年减少 40%—45% 排放量的最新目标,为了实现该目标,政府把碳定价置于加拿大气候变化计划中的核心地位。2021 年 7 月,加拿大政府确认,在 2023—2030 年期间,每年将国家碳价格提高 15 加元/吨,至 2030 年最高为 170 加元/吨。鉴于未来碳价的上涨,为了保证加拿大在国际贸易中的竞争力,2020 年秋季,加拿大政府宣布探索边境碳调整(BTA),在 2021 年预算中,政府表示有意推进 BTA 协商进程以支持这一目标。

加拿大的 BTA 以其碳定价政策为基础。目前,加拿大建立了一套灵活的碳定价体系。从 2019 年开始,加拿大的每个司法管辖区都实施了碳定价,任何省或地区都可以根据当地需求设计自己的定价体系,也可以选择联邦定价体系。加拿大联邦定价设定了最低国家标准(联邦"基准"),所有系统都必须满足这些标准,以确保它们在减少温室气体排放方面具有可比性和有效性。如果一个省或地区不对污染进行定价,或者碳定价不符合联邦标准,那么就将适用联邦定价。联邦定价体系由两部分组成:一是对汽油和天然气等化石燃料的监管收费,称为燃油收费;二是基于行业的产出收取排放费用,称为基于产出的定价体系。①由于加拿大碳定价体系的灵活性和多样性,在考虑边境调节费的适用时可能将面临更复杂的情况,比如是以联邦标准还是地方标准作为参考,若以联邦标准,那么又有监管收费和基于行业产出的费用两种形式。

目前,加拿大的 BTA 还处在公众磋商中,第一阶段磋商于 2021 年 8 月 5 日启动至 2022 年 1 月 31 日关闭,主要从环境成效、经济压力及国际参与和贸易关系三个方面来考虑 BTA 的影响。BTA 的形式可以是对产品进口收费,也可以是对加拿大产品出口进行退税。加拿大财政部与各省和地区进行了讨论,正在寻求环境、经济领域和国际参与,加拿大表示将与拥有雄心勃勃的气候政策的国家进行讨论以克服挑战,并考虑如何使这一办法能够纳入更广泛的战略。在此方面,2021 年 2 月,加拿大总理和美国总统同意了加拿大—美国复兴路线图②,两国承诺共同努力解决全球气候政策差异对贸易的影响。2021 年 6 月,在加拿大与欧盟峰会上,双方承诺就碳定价和与 WTO 兼容的 BCA 开展交流合作③。

① Government of Canada, Carbon Pollution Pricing Systems across Canada, https://www.canada.ca/en/environment-climate-change/services/climate-change/pricing-pollution-how-it-will-work.html.

② Government of Canada, Exploring Border Carbon Adjustments for Canada, Aug. 5, 2021, https://www.canada.ca/en/department-finance/programs/consultations/2021/border-carbon-adjustments/exploring-border-carbon-adjustments-canada.html.

③ Canada-European Union Summit—Joint Statement, Jun. 15, 2021, https://pm.gc.ca/en/news/backgrounders/2021/06/15/canada-european-union-summit-joint-statement.

表 4-4　加拿大 BCA 的评估考虑因素

考虑因素	主　要　问　题
环境	• 与现有的碳泄漏缓解措施相比,BCA 能否促成加拿大国内气候政策更好地支持碳减排(包括对技术创新的激励) • BCA 可能产生的成本是否会给下游部门带来新的碳泄漏风险 • 加拿大 BCA 能否为其他司法管辖区制定更雄心勃勃的气候政策并为全球温室气体减排做出贡献
经济	• BCA 是否会比现有的碳泄漏缓解措施更有效地提高加拿大生产商的竞争力 • BCA 是否会给下游行业带来竞争压力问题 • 对加拿大消费者有什么影响
国际贸易	• 加拿大是否有机会与探索 BCA 的其他国家保持一致 • 采用 BCA 对加拿大的贸易关系有哪些风险 • 如何设计 BCA 以符合加拿大的国际贸易法义务 • BCA 是否应该为来自某些发展中国家或也正在采取雄心勃勃的措施减少温室气体排放的国家的进口提供豁免(或其他灵活性)
BCA 设计 和管理	• 排放范围——仅生产中的直接排放,或包括间接排放 • 产品范围——纳入 BCA 应符合的标准 • 贸易范围——BCA 应该只适用于进口还是与出口退税相结合 • 国家/地区范围 • 如何确定进口商品的碳成本 • 对不同国家、这些国家内的区域或个别部门或设施适用不同的费率的灵活性 • 其他国家的气候措施,包括非定价措施,应该如何考虑 • BCA 将如何管理和执行,需要制定哪些报告和验证要求 • 联邦和省/地区气候变化计划可能需要进行哪些调整(如果有的话)
BCA 设计 和管理	• 排放范围——仅生产中的直接排放,或包括间接排放 • 产品范围——纳入 BCA 应符合的标准 • 贸易范围——BCA 应该只适用于进口还是与出口退税相结合 • 国家/地区范围 • 如何确定进口商品的碳成本 • 对不同国家、这些国家内的区域或个别部门或设施适用不同的费率的灵活性 • 其他国家的气候措施,包括非定价措施,应该如何考虑 • BCA 将如何管理和执行,需要制定哪些报告和验证要求 • 联邦和省/地区气候变化计划可能需要进行哪些调整(如果有的话)

资料来源:根据加拿大政府网站资料整理,参见 https://www.canada.ca/en/department-finance/programs/consultations/2021/border-carbon-adjustments/exploring-border-carbon-adjustments-canada.html。

除上述国别(组织)以外,据《日经新闻》报道,日本也正在考虑实施碳边境税,对来自环境标准不高国家的进口产品征收关税,该决定计划在 2021 年夏天作出[1]。但目前尚未发现日本在碳边境措施上有新的动态,日本可能会首先提高其碳价政策(Global Warming Countermeasure Tax),以此作为其后续对外征税的基础。

第二节　协调的单边行动

除了上述各经济体在影响贸易的气候政策上独自的单边行动外,2021 年以美欧为主的发达经济体还在气候议题上进行了更频繁的接触,主要表现为美欧主导的双边倡议以及以七国集团为核心平台的利益协调两种形式,涉及与气候相关的技术、能源、供应链、贸易政策合作等多方面内容。

一、以美欧为主导的利益协调

(一)美欧

欧盟与美国在气候问题上有长期的互动,欧盟 ETS 市场正是借鉴了美国《清洁空气法》(Clean Air Act)中的配额交易体系。在欧盟提出 CBAM 后,欧盟委员会在 2020 年 12 月 2 日公布的《应对全球变化的欧美新议程》中表达了与美国达成跨大西洋绿色贸易议程的构想,指出欧美需要就碳排放交易、碳排放定价以及碳排放征税加强合作,并指出欧盟 CBAM 可以作为实现上述措施的全球模板。[2]对此,2021 年美国拜登政府在上台初期,对碳边境调节措施表示了兴趣,美国贸易代表办公室 2021 年 3 月份表示,将考虑进行碳边境调整,以鼓励全球气候行动,同时保护国内制造业。[3]但此后,拜登政府认为欧盟提议的 CBAM 只能作为"最后的手段",因为它们"对经济,伙伴关系和贸易有严重影响"。从目前双方对该机制的态度来看,美国并未明确支持,在以 CBAM 为代表的直接影响国际贸易的政策工具上,美欧协同的趋势尚不明朗。

不过,美欧仍有利用贸易政策来对抗气候变化的意愿,为此,双方选择了通过

---

[1]　Shiho Takezawa, Japan Mulls Carbon Border Tax for Polluters, Bloomberg Tax, Feb. 11, 2021, https://news. bloombergtax. com/tax-insights-and-commentary/japan-mulls-carbon-border-tax-for-biggest-polluters-nikkei-says?context = article-related.

[2]　European Commission, A new EU-U.S. Agenda for Global Change, Dec. 2, 2020, https://ec.europa.eu/info/sites/default/files/joint-communication-eu-us-agenda_en.pdf.

[3]　BNN Bloomberg, Biden Exploring Border Adjustment Tax to Fight Climate Change, Apr. 23, 2021, https://www.bnnbloomberg.ca/biden-exploring-border-adjustment-tax-to-fight-climate-change-1.1594543.

在高碳产品贸易、清洁技术、清洁能源等方面开展合作，通过双边政策的协调提升环保标准，从而间接地影响投资和贸易。

1. 美欧《峰会声明》确定了双方气候行动合作方向

2021 年 6 月 15 日，美欧发布了《欧盟—美国峰会声明：迈向新的跨大西洋伙伴关系》（以下简称《峰会声明》）①，其中"保护地球、促进绿色增长"是该声明的内容之一。《峰会声明》承诺建立一个美欧高级别气候行动小组，在向气候中立、资源节约型和循环经济过渡方面加强合作，这包括促进强有力的气候措施、解决碳泄漏风险、战略能源问题上的协调、开发和部署绿色技术并促进扩大这些技术的市场规模、停止对煤炭的国际投资、金融合作等，归纳起来，主要有政策措施、能源问题、绿色技术和金融投资四个方面。

2. 美欧《贸易和技术委员会启动会联合声明》关注与气候有关的清洁技术问题

2021 年 9 月 29 日，源于上述美欧峰会的部署，美国与欧盟发表了《美国—欧盟贸易和技术委员会启动会联合声明》（以下简称《TTC 联合声明》）②，主要目标是"协调处理关键的全球技术、经济和贸易问题的方法；深化跨大西洋贸易和经济关系，将政策建立在共同的民主价值观之上"。

美欧在《TTC 联合声明》中认为气候和环境问题是当前全球贸易的挑战，该声明不仅多次宣示性地提到美欧通过贸易和投资、基于共同的民主价值观，打算解决相关的贸易、气候和环境问题，还针对性地设置了一个"气候和清洁技术"工作组来阐明具体的合作方向。从该声明的正文及附件来看，美欧未来将在以下三个方面密切协调。

第一，技术合作。美欧认为技术对解决环境挑战和连接市场机会有巨大重要性，《TTC 联合声明》专门设置了"气候和清洁技术"工作组，其任务包括支持技术开发、支持跨大西洋气候中立技术、服务和产品的贸易和投资，以及共同探索计算全球贸易中所含温室气体排放量的方法、工具和技术。美欧未来将增加激励措施，加大对技术研发的支持。与之相辅相成的，美欧将会为其技术开拓市场机会、排除扭曲其市场公平竞争的因素，因此，在技术上的合作会促进双方在贸易政策上的协同。

---

① U.S.-EU Summit Statement, Jun. 15, 2021, https://www.whitehouse.gov/briefing-room/state-ments-releases/2021/06/15/u-s-eu-summit-statement/.

② U.S.-EU Trade and Technology Council Inaugural Joint Statement, Sep. 29, 2021, https://www.commerce.gov/news/press-releases/2021/09/us-eu-trade-and-technology-council-inaugural-joint-statement.

第二,制定全球高标准,并鼓励兼容的标准和法规。美欧向来重视经贸活动中的国际化标准问题,并且占据优势地位。在新的技术和竞争领域,美欧强调要加强双方技术和工业领导地位,技术标准工作是双方合作的重点。在气候领域,如上所述,双方将共同探索温室气体排放量的方法,同时还提出鼓励兼容的标准和法规来应对气候变化危机。可见,虽然美国对欧盟的 CBAM 没有明确支持,但在该机制所要求的部分技术和标准领域开始了合作探索,表现出双方强化合作、减小分歧的意思。

第三,政策和措施的合作。如上分析,技术和市场利益将推动政策的协同,《TTC 联合声明》在附件五中特别提到了"与贸易有关的环境和气候政策和措施方面的合作",对此,双方打算就将与贸易有关的气候和环境问题纳入全球贸易挑战工作组的工作计划进行磋商。这一步合作要求更成熟的市场和政治机会,可能会慢于前述事项,但美欧强调双方共同的民主价值观念,在气候和环境领域,为解决贸易挑战,双方在政策和措施上有足够的合作空间。

3. 美欧《钢铁和铝贸易联合声明》关注碳密集产品贸易

美国和欧盟在 2021 年 10 月 31 日发表了《钢铁和铝贸易联合声明》[①],根据其中一项内容,美国对欧盟将不适用第 232 节关税,并将允许以过往数量从欧盟免税进口钢铁和铝,欧盟将暂停对美国产品征收相关关税。

另外一部分重要内容是,美欧将建立以碳为基础的产业安排,首先从碳密集的钢铁和铝部门开始,以此推动美国、欧洲和世界各地对绿色生产的投资,确保美国和欧盟钢铁业等在未来具有竞争力。为此,双方承诺在 2024 年前谈判达成世界上首个以碳为基础的钢铁和铝贸易产业安排。双方合作的第一步是建立技术工作组,分享相关数据,并制定共同的方法来评估钢铝贸易中的内含排放,这是双方在碳密集型产品"评估标准"上的重要协同。

此外,双方表示要利用贸易政策来对抗气候变化和全球市场扭曲的威胁,阻止来自其他国家的助长全球产能过剩的高碳钢铝贸易,这当中潜在的打击对象便是中国。

(二)美日

2021 年 4 月 16 日,在美日峰会上,美国和日本启动了《美日气候伙伴关系》和

---

① Joint U.S.-EU Statement on Trade in Steel and Aluminum, Oct. 31, 2021, https://www.whitehouse.gov/briefing-room/statements-releases/2021/10/31/joint-us-eu-statement-on-trade-in-steel-and-aluminum/.

《美日竞争力和复原力伙伴关系》。双方一致认为，美日合作将有助于绿色增长，推进《巴黎协定》下的共同气候目标，并有助于到 2050 年实现全球温室气体净零排放。为了支持前两个伙伴关系的目标，美国和日本建立了《清洁能源伙伴关系》（Joint Statement on the Launch of the Japan-United States Clean Energy Partnership，JUCEP）[①]，以支持印太地区和世界各国加速脱碳；同时，通过部署清洁、负担得起和安全的能源技术，实现能源安全和可持续增长。

JUCEP 的合作重点包括应对气候变化、支持竞争性能源市场、促进全球获得清洁、安全和可负担的能源、鼓励印度—太平洋伙伴快速部署清洁能源、推动经济脱碳。美国和日本将利用私营部门，例如清洁能源投资和出口，通过推进有形的能源项目和创新技术来实现上述目标。双方重点合作领域如下。

（1）可再生能源：地热、风能、太阳能、水电和关键矿产。

（2）电网现代化：电网稳定性、能源管理技术，包括电池存储和传输。

（3）核能：先进技术，如小型模块化反应堆和轻水反应堆。

（4）脱碳技术：碳捕集与封存/碳回收和其他减排技术，以及氨、氢等先进燃料。

以 JUCEP 为基础，美国和日本将通过双方关系加快对印太地区清洁能源的投资，比如在湄公河国家的日本—美国—湄公河电力伙伴关系（JUMPP），意图增强在印太地区的影响。

（三）美加

2021 年 2 月 23 日，拜登总统和特鲁多总理宣布了《美国—加拿大伙伴关系更新路线图》[②]。该路线图建立了双方气候变化伙伴关系，将致力于加强《巴黎协定》的执行，包括通过共同努力和与其他人合作，提高行动的规模和速度，以应对气候危机，更好地保护自然。其中，双方同意共同努力，保护两国的企业、工人和社区免受未能采取强有力气候行动的国家的不公平贸易。

（四）欧盟与加拿大

2021 年 6 月 14 日至 15 日，欧盟与加拿大举行了第 18 届欧盟—加拿大峰会，并发表了《欧盟—加拿大峰会联合声明》[③]。应对气候变化是该声明关注的重点之

---

① Joint Statement on the Launch of the Japan-United States Clean Energy Partnership，Jun. 11，2021，https://www.state.gov/joint-statement-on-the-launch-of-the-japan-united-states-clean-energy-partnership/.

② Roadmap for a Renewed U.S.-Canada Partnership，Feb. 23，2021，https://www.whitehouse.gov/briefing-room/statements-releases/2021/02/23/roadmap-for-a-renewed-u-s-canada-partnership/.

③ European Union-Canada summit-Joint statement，Jun. 15，2021，https://www.consilium.europa.eu/en/press/press-releases/2021/06/15/european-union-canada-summit-joint-statement/.

一,双方承诺共同努力,利用贸易、技术和创新的潜力,为所有人创造一个更光明、更绿色、更可持续的未来。

在应对气候和保护环境方面,双方认为碳定价是应对气候变化的有力和有效手段,提出了加强碳定价的方法,同时在各自的气候计划中解决碳泄漏风险。在附件中,双方进一步明确将就各自的碳定价方法和与世贸组织兼容的边界碳调整进行交流。目前,欧盟已经发布了其CBAM立法提案,而加拿大正在评估实施碳边境调节措施,双方均有利用碳边境调节机制来支持减排目标实现的行动。

此外,2021年6月19日,欧盟和加拿大紧接着发布了《原材料战略伙伴关系》[①],双方认为这能够将贸易和投资推进到安全、可持续和有弹性的原材料价值链中,是实现向气候中立和数字化经济过渡的关键。该伙伴关系的框架是在上述欧盟—加拿大峰会上获得认可后通过的,它包括三个合作领域:(1)加拿大—欧盟原材料价值链的整合;(2)科学、技术和创新合作;(3)环境、社会和治理(ESG)准则和标准。

（五）欧盟与日本

2021年5月27日,欧盟与日本宣布成立《欧盟—日本绿色联盟》[②],双方同意加强在保护环境、保护生物多样性和应对气候变化方面的合作。主要的合作领域包括五个方面。

(1)能源转型。双方拟加强在政策和监管框架方面的交流,能够以具有成本效益的方式过渡到负担得起的、安全的、有竞争力和可持续的能源系统。

(2)环境保护。双方将深化政策对话、供应链可持续性、循环经济和资源效率方面的合作。例如,双方将在可持续产品政策的制定和实施方面进行合作,以大力促进产品的更长使用寿命、可修复性和可回收性设计。

(3)监管和商业合作。双方旨在加强监管合作,以激发全球采用创新环境解决方案、可持续产品和安全和可持续的低碳技术,以加速向循环和气候中和经济的过渡,并在全球推广这些标准。另外,双方将加强在非歧视性贸易和投资方面的合作,在安全和可持续的低碳能源技术方面开展合作,加强两国之间的商业关系。

(4)研究与开发。双方打算继续在多边倡议范围内就低碳技术和脱碳技术的

---

① EU and Canada Set Up a Strategic Partnership on Raw Materials, Jun. 21, 2021, https://ec.europa.eu/growth/news/eu-and-canada-set-strategic-partnership-raw-materials-2021-06-21_en.

② EU-Japan Green Alliance, May 27, 2021, https://www.consilium.europa.eu/en/press/press-releases/2021/05/27/eu-japan-green-alliance/.

研究、示范项目和市场部署开展合作,在可再生能源和安全可持续低碳领域加强合作,以及深化在生物经济领域的合作。

(5)可持续金融。保持双方在国际可持续金融方面的领导地位,以帮助在可持续投资的定义上趋同,并确保与可持续发展相关的披露的一致性和透明度。

二、以七国集团为核心平台

七国集团主要关注全球经济问题,由美国、英国、加拿大、法国、德国、意大利和日本 7 个发达国家组成,基本上包含了上文所述协调行动的国家,因而自然成为这些国家向全球传播其共同价值的核心平台。在 2021 年的七国集团峰会上,七国的讨论主要集中在气候危机和新冠肺炎疫情两个问题上,重点是通过贸易和投资来加强经济韧性。

在气候议题上,2021 年 5 月 21 日七国集团气候和环境部长会议发表了《气候和能源的行动承诺》[①],提出了五个气候和能源行动承诺,即净零电力、净零交通、净零工业、净零部门和推进能源部门的性别平等和多样性。2021 年 5 月 28 日,七国集团发布了《贸易部长公报》[②],关注贸易与环境,认为 2021 年是加快应对气候变化国际努力的关键一年,七国集团有机会通过协调行动使贸易成为解决环境问题的其中一种办法。在随后 6 月 14 日举行的七国集团峰会上,七国集团同意到2030 年将集体排放量减半,承诺在碳定价和碳泄漏问题上进行合作,并承诺在年底前结束对新的国际煤电项目的直接支持。

在上述宣示性的共识上,七国集团接下来在气候议题上的讨论主要集中在以下三个方面。

一是显示贸易在应对气候方面的作用,重点解决碳泄漏问题。2021 年 10 月22 日,七国集团贸易部长再次发布《贸易部长公报》[③],以 5 月 28 日公报中的倡议为基础,讨论了推进多边贸易体系改革。七国集团贸易部长重点指出了碳泄漏问题对气候产生的负面影响,承诺合作包括与相关国际组织合作,以解决碳泄漏风

---

① Government of UK, Climate and Energy Commitments to Action, May 21, 2021, https://www. gov.uk/government/publications/g7-climate-and-environment-ministers-meeting-may-2021-communique/ climate-and-energy-commitments-to-action.

② Government of UK, G7 Trade Ministers' Communiqué, May 28, 2021, https://www.g7uk.org/g7-trade-ministers-communique/.

③ Government of UK, G7 Trade Ministers' Communiqué, Oct. 22, 2021, https://www.gov.uk/govern-ment/news/g7-trade-ministers-communique-october-2021.

险,增强国际气候雄心。其中,在应对方法上,针对已经考虑的国内解决办法,应当主要是指碳边境调节措施,七国集团贸易部长认为需要进行对话,必须确保任何方法都是透明并符合世贸组织规则的,且任何碳泄漏贸易解决方案都必须建立在坚实的证据基础和科学合理的数据之上。

另外,七国集团贸易部长承诺通过贸易和环境可持续性结构化讨论(TESSD)等论坛,继续就贸易和环境(包括碳泄漏)进行开放、包容和建设性的讨论,以彰显贸易在应对气候变化方面的重要作用。[①]

二是把气候和环境问题作为提高经济复原力的优先事项。2021年10月13日,七国集团经济复原力咨询小组发表了一份名为《全球经济复原力:更好地向前发展》[②]的专家小组报告,提出了系统性经济改革路线图,并呼吁逐步改变全球经济治理,以提高复原力并从经济冲击中更好地向前发展。气候和环境是七个优先事项之一,围绕该问题,报告呼吁:

(1)加快国际标准化组织(ISO)等标准机构的行动,改善对绿色转型至关重要的低回收和低利用率部门的市场循环;

(2)资助新兴绿色技术,如绿色氢气和核聚变;

(3)支持抑制碳密集生产的定价和贸易机制,并改革WTO规则,逐步取消低效的化石燃料补贴;

(4)建立跨学科(物理和社会科学)实体——仿照“欧洲核子研究组织(CERN)的气候技术”,集中投资于实现净零目标所需的具体创新飞跃或“任务”,包括消除二氧化碳的创新,以及航运、航空、钢铁和水泥等难以脱碳化的行业的零碳解决方案。

同时,该报告也提出七国集团要推动启动WTO根本性的改革,使气候成为现代化议程的组成部分,包括推进多边协议谈判、逐步取消对低至零排放的环保商品的关税、修订现有协议和贸易救济法,以鼓励去碳化和供应链的复原力等方法。

三是在基础设施和投资伙伴关系中关注气候问题。2021年12月3日,七国集团领导人发表了一份《基础设施和投资伙伴关系联合声明》[③]。该声明阐述了七国

---

① Government of UK, G7 Trade Ministers' Communiqué, Oct. 22, 2021, https://www.gov.uk/government/news/g7-trade-ministers-communique-october-2021.

② Government of UK, G7 Panel Publish Report on Global Economic Resilience, Oct. 13, 2021, https://www.g7uk.org/g7-panel-publish-report-on-global-economic-resilience/.

③ Government of UK, G7 Leaders Statement: Partnership for Infrastructure and Investment, Dec. 3, 2021, https://www.g7uk.org/g7-leaders-statement-partnership-for-infrastructure-and-investment/.

集团为高质量和可持续基础设施融资的方法,七国集团认为这将有助于在实现可持续发展目标方面取得快速进展,并支持国际气候和环境承诺。七国集团已开始支持发展中国家的可持续、有复原力和高质量的基础设施。与气候有关的项目包括欧盟、法国、德国、英国、美国与南非的《公平的能源转型伙伴关系》①,该项目通过融资和技术支持帮助南非实现经济脱碳,涉及高达 85 亿美元的支持资金。另一项以气候为目标的项目是欧盟、法国与阿尔及利亚、布基纳法索、贝宁、乍得、佛得角、吉布提、埃及、埃塞俄比亚、利比亚等非洲国家的《绿色长城倡议和加速器》②。该项目帮助非洲伙伴国家应对土地退化和荒漠化、气候变化、生物多样性丧失及贫困和粮食不安全等问题。2021 年启动的加速器项目为非洲伙伴提供适应气候变化的基础设施和投资中小型农场及加强价值链、当地市场、出口组织等支持。

表 4-5　2021 年七国集团发布的与气候议题相关的文件

时　　间	文件名	主　要　内　容
2021.5.21	《气候和能源的行动承诺》	提出了五个气候和能源行动承诺,即净零电力、净零交通、净零工业、净零部门和推进能源部门的性别平等和多样性
2021.5.28	《贸易部长公报》	强调了贸易与环境问题,认识到碳泄漏的风险。七国集团在促进、促成和支持向可持续商品市场和供应链的过渡方面发挥关键作用,承诺通过世贸组织和其他论坛制定贸易政策方法,支持森林和农产品的可持续供应链等
2021.6.14	《重建美好的全球行动共同议程》	在履行《巴黎协定》、能源部署、煤炭发电的转型过渡、引领以技术为导向的向净零排放过渡、交通、工业和创新部门、建筑、农业、土地及林业阐述了行动,包括将尽快淘汰政府对国际碳密集型化石燃料能源的新的直接支持;承诺在 2021 年底前停止政府对有增无减的国际煤电的直接支持;逐步淘汰污染最严重的能源,并扩大对技术和基础设施的投资,以促进清洁的绿色转型等
2021.10.13	《全球经济复原力:更好地向前发展》	该报告提出了七个优先事项,包括全球健康、气候和环境、数字治理、全球贸易体系、以投资为重点的复苏、劳工标准、供应链和关键市场的脆弱性

①②　详见 Annex To G7 Leaders Statement Partnership For Infrastructure And Investment, Dec. 3, 2021, https://assets.publishing.service.gov.uk/government/uploads/system/uploads/attachment_data/file/1038225/ANNEX_TO_G7_LEADERS_STATEMENT_PARTNERSHIP_FOR_INFRASTRUCTURE_AND_INVESTMENT.pdf。

时　间	文件名	主　要　内　容
2021.10.22	《贸易部长公报》	讨论了推进多边贸易体系改革,在贸易现代化方面,提出承诺通过贸易和环境可持续性结构性讨论(TESSD)等论坛,继续就贸易和环境,包括碳泄漏问题进行公开、包容和建设性的讨论,以确认贸易在应对气候变化中的重要作用
2021.12.3	《基础设施和投资伙伴关系联合声明》	阐述了为高质量和可持续基础设施融资的方法,确保复苏,并在可持续发展目标和国际气候与环境方面取得快速进展,从而为世界重建美好,并紧急缩小发展中国家的基础设施投资缺口,包括与发展中国家合作制定其基础设施投资计划、加强区域和国家主导的伙伴关系、以强有力的标准为基础的基于价值观的方法、扩大融资规模、确保资金到达需要的地方并支持一个更加一致的整体系统等原则

资料来源:根据 2021 年七国集团峰会发布的各项文件资料整理。

综上所述,在协调的单边行动上,美欧 2021 年度主导的利益协调行动进一步突显了气候和环境方面的合作,这些发达经济体尤其注重清洁技术研发和市场拓展与维护、与能源转型有关的原材料供应链安全以及全球标准等方面的合作。

第三节　选择性多边行动

通过如上观察,可以看到美欧在推进气候议题上的扩展路径,从国别行动,到双边合作,再以七国集团为国际平台,逐步把协调事项推向更广空间。七国集团认为 2021 年是加快应对气候变化国际努力的关键一年,在其多份公报和声明中都提到了 COP26 以及通过 WTO 发挥贸易在应对气候变化上的作用。作为与气候问题和贸易直接相关的平台,COP26 和 WTO 是美欧等发达经济体将其协调行动在多边场合展示的最主要载体。2021 年,美欧极力推动气候议题在这些平台取得进展。

一、第 26 届联合国气候变化缔约方大会

2021 年 10 月 31 日至 11 月 13 日,COP26 在英国格拉斯哥召开。代表近 200个国家的 COP26 缔约方一致达成了《格拉斯哥气候公约》,并就《巴黎协定》规则手册的最终细则达成共识,这些成果将加速未来十年的气候行动。总的来看,以美欧

为首的发达经济体在 COP26 上主要在减缓、融资和碳市场建设方面表现较多。

(一)加强减排目标,推动能源转型

《格拉斯哥气候公约》最终保住了使升温 1.5 摄氏度保持在可及范围内,需要到 2030 年相对于 2010 年减少全球二氧化碳排放 45%,任务艰巨。同时,作为《格拉斯哥气候公约》的一部分,所有缔约方都同意在 2022 年重新审视并加强 2030 年排放目标。在此方面,欧盟已经提出到 2030 年将温室气体排放量减少到比 1990 年水平至少 55%;美国拜登政府致力于在 2030 年将温室气体排放量从 2005 年的水平减少 50%~52%,到 2035 年实现 100%无碳无污染的电力部门[1];英国承诺到 2030 年温室气体排放量将比 1990 年的水平减少至少 68%。[2]

为了实现这些目标,COP26 推动了一系列承诺,包括承诺减少煤电、停止和逆转毁林、减少甲烷排放、加快向电动汽车的转型等。《格拉斯哥气候公约》最终达成了加快努力逐步减少有增无减的煤电和低效矿物燃料补贴的共识[3]。在 COP26 会议期间,40 多个国家还签署了《全球煤炭向清洁能源转型声明》,同意在未来 20 年内淘汰燃煤能源,但美国未加入[4];有 39 个国家签署《关于国际公共支持清洁能源转型的声明》,同意到 2022 年底结束对国际上有增无减的化石燃料能源部门的新的直接公共支持[5]。

此外,2021 年 11 月 2 日,美国和欧盟主导启动了"全球甲烷承诺",以减少气体的排放,帮助将全球变暖限制在 1.5 摄氏度以内。目前已有 100 多个国家签署了该倡议。加入"全球甲烷承诺"的国家承诺实现一个集体目标,即到 2030 年将全球甲烷排放量从 2020 年的水平减少至少 30%,并朝着使用现有的最佳清单方法来向量化甲烷排放的方向迈进。

---

① The White House, President Biden Renews U.S. Leadership on World Stage at U.N. Climate Conference(COP26), Nov. 1, 2021, https://www.whitehouse.gov/briefing-room/statements-releases/2021/11/01/fact-sheet-president-biden-renews-u-s-leadership-on-world-stage-at-u-n-climate-conference-cop26/.

② Climate Home News, UK Announces Stronger 2030 Emissions Target, Setting the Bar for Ambition Summit, Dec. 3, 2020, https://www.climatechangenews.com/2020/12/03/uk-announces-stronger-2030-emissions-target-setting-bar-ambition-summit/.

③ 明确提及"煤炭"和"化石燃料补贴"是对以往联合国气候协议的一个突破。该条款在大会期间被淡化了——以提及用于发电的煤炭"有增无减"和"低效"补贴为条件。在最后一刻的修改中,中国和印度代表其他发展中国家发言,推动将"淘汰(phase-out)"改为"逐步减少(phase down)"。

④ Global Coal to Clean Power Transition Statement, Nov. 4, 2021, https://ukcop26.org/global-coal-to-clean-power-transition-statement/.

⑤ Statement on International Public Support for the Clean Energy Transition, Nov. 4, 2021, https://ukcop26.org/statement-on-international-public-support-for-the-clean-energy-transition/.

可以看到,上述对煤电转型过渡的计划基本上是七国集团共识的延续。除了《格拉斯哥气候公约》,中国尚未加入上述几项声明和承诺。

(二)应对气候变化的融资

发达国家缔约方到 2020 年每年联合筹集 1 000 亿美元的目标尚未实现,COP26 主席国英国将发达国家每年筹集 1 000 亿美元气候融资的承诺置于其继任主席国工作的核心位置。在 COP26 会议期间,该目标取得了进展,发达国家承诺从 2020 年到 2025 年每年筹集总计 1 000 亿美元的国际气候融资,以帮助最脆弱的国家和小岛屿国家,特别是减缓和适应工作[1]。在 COP26 上,发达国家宣布了一些重大的新气候融资,包括日本提供的 110 亿美元新资金、英国提供的 10 亿美元资金,用于直接为发展中国家私营部门项目提供资金支持。

此外,美国、欧盟、英国、法国、德国、意大利等 17 个国家(组织)还签署了《支持国际公正过渡的条件》[2],在其国际金融和技术援助计划中支持发展中国家和新兴经济体、社会伙伴和社区实现经济多元化,摆脱对碳密集型产业的依赖。

(三)推动全球碳市场发展

COP26 会议期间,各缔约国共确定了七项与《巴黎协定》执行相关的决定,其中最具突破性的是两项与《巴黎协定》第 6 条有关的市场机制[3]的实施细则的决定,这是过去六年谈判的争议所在。这两项决定当中,其中一项是《巴黎协定》第 6 条第 2 款所述合作方式的指南》,该决定为双边、多边进行碳减排的交易合作设定了统一规范,包括减排量的认定、核算、相应的通报、转移的透明度、减排量如何使用的记录等,这些制度对未来形成全球兼容的碳交易政策奠定了基础;另一项是《〈巴黎协定〉第 6 条第 4 款建立的机制规则、模式和程序》,该决定解决了避免减排成果的双重核算以及与《京都议定书》清洁发展机制(CDM)下的核证减排量(CERs)的衔接等问题。

此外,在 COP26 会议期间,加拿大总理特鲁多提出了全球碳定价问题,提议到

---

① European Commission, EU at COP26 Climate Change Conference, https://ec.europa.eu/info/strategy/priorities-2019-2024/european-green-deal/climate-action-and-green-deal/eu-cop26-climate-change-conference_en.

② Supporting the Conditions for a Just Transition Internationally, Nov. 4, 2021, https://ukcop26.org/supporting-the-conditions-for-a-just-transition-internationally/.

③ 《巴黎协定》第 6 条规定了两种市场机制,即第 6.2 条的"国际转让机制"和第 6.4 条的"可持续发展机制",但《巴黎协定》仅对该两种机制进行了原则性规定,缺乏实施细则,此次会议通过了相关执行细则决定。

2030 年对碳排放适用全球碳价,并指出加拿大碳定价体系的优点,敦促其他国家和地区加入,加拿大的提议得到了欧盟委员会主席、WTO 总干事、国际货币基金组织总裁及联合国气候金融特使的支持①。

总的来看,上述关于两类市场机制的实施细则发布后,为碳排放信用的交易、核算及减排活动开展中的碳排放监测管理等提供了统一规范,但目前在管理细则上部分仍是由实施缔约国(或参与者)提供信息,多边组织更多是发挥监督职能,虽然在部分技术标准上提供了方案,但要形成规范的全球碳市场,在碳定价方面,由于各国发展水平、经济技术能力的差异,仍然任重道远。

二、WTO 下的环保议题

可持续发展和环境保护是 WTO 的目标。这些目标载于《马拉喀什协定》序言中,与 WTO 减少贸易壁垒和消除国际贸易中的歧视性待遇的目标并列。随着气候议题关注度快速提升,2021 年 WTO 也重点关注了气候变化与国际贸易之间的关系,主要围绕着欧盟采取的 CBAM 与 WTO 的一致性、环境产品和服务市场准入、化石燃料补贴改革等问题进行讨论。

WTO 贸易和环境委员会是这些讨论的主要平台。此外,2020 年 11 月 17 日,由 WTO 的 50 个成员发起成立了贸易和环境可持续性结构化讨论(Trade and Environmental Sustainability Structured Discussions,TESSD),目前有 71 个世贸组织成员参加了 TESSD,其旨在补充贸易和环境委员会和其他世贸组织相关委员会和机构的现有工作②。2021 年,围绕环境与贸易的讨论主要在上述两个平台进行,包括以下内容。

(1) 2021 年 3 月 30 日贸易和环境委员会会议,成员讨论了应对气候变化和加强可持续性的措施。主要内容包括欧盟的碳边境调节机制介绍、几个发展中国家关于其国家环境倡议的介绍以及联合国气候变化会议(COP26)正在筹备的最新情况。

(2) 2021 年 6 月 23 日贸易与环境委员会会议,成员讨论了可持续粮食、渔业

---

① Toronto Sun, Trudeau Takes Carbon Pricing Debate to the Global Stage at COP26, Nov. 2, 2021, https://torontosun.com/news/national/trudeau-takes-carbon-pricing-debate-to-the-global-stage-at-cop26.

② TESSD旨在补充贸易和环境委员会和其他世贸组织相关委员会和机构的现有工作。该倡议对所有成员开放,旨在促进透明度和信息共享,确定世贸组织今后工作的领域。它还支持技术援助和能力建设需要,特别是对最不发达国家的技术援助和能力建设,并努力在世贸组织各领域实现环境可持续性。目前包括中国、美国、欧盟、德国、日本等71个成员。

和新的环境倡议等。欧盟再次通报了有关其气候行动的最新进展,加拿大介绍了有关贸易和循环经济的最新情况,新西兰向成员介绍了矿物燃料补贴改革的最新发展情况,并报告了关于《气候变化、贸易和可持续性协定》①的第五轮谈判,以及在环境产品、环境服务、化石燃料补贴改革和生态标签这四个谈判支柱方面取得的进展。

(3)2021年7月19日,在贸易和环境可持续性结构化讨论(TESSD)第三次会议上,成员审查了MC12贸易和环境可持续性宣言草案,讨论草案强调了贸易政策在帮助应对气候变化和其他环境挑战方面的作用。成员们还就如何实现长期气候目标以及如何促进向低碳经济转型进行了专门讨论,以确保世贸组织成员采取的气候相关的贸易措施和政策,包括碳边境调整机制,与世贸组织规则和原则相符。

(4)2021年9月16—17日,TESSD会议成员继续推进贸易和环境可持续性部长宣言工作,审查了部长宣言的修订内容草案文本。案文强调了贸易政策在帮助应对气候变化和其他环境挑战方面的作用。

在这些与贸易有关的环境和气候议题下,2021年,成员持续关注了欧盟的CBAM如何实施,强调需要符合WTO规则。美国除了2020年12月17日在WTO总理事会上提出《通过贸易规则推进可持续发展目标以达成公平竞争环境》部长决议草案②将环境与贸易公平竞争挂钩外,2021年在WTO没有更新的表现,主要仍是联合其他成员在环境产品和服务、绿色贸易援助、化石燃料补贴改革、与贸易有关的气候措施方面展开讨论。

---

① 《气候变化、贸易和可持续性协定》是由新西兰与哥斯达黎加、斐济、冰岛、挪威和瑞士在2019年9月共同发起的一项新倡议。

② 该草案主张"若未能适用、维持、实施和有效执行达到或超过基本标准门槛的环境保护法律和法规,可视为WTO《补贴与反补贴措施协定》下的'可诉补贴'";同时,"若某一产业不成比例地受益于污染控制或其他低于基本标准门槛的环境措施,则其他成员可以在该产业商品进入成员关税领土时征收与该产业所获得的收益相等的反补贴税"。详见:U.S. Proposal "Advancing Sustainability Goals through Trade Rules to Level the Playing Field", WT/GC/W/814, Dec. 17, 2020, https://docs.wto.org/dol2fe/Pages/SS/directdoc.aspx?filename=q:/WT/GC/W814.pdf&Open=True。

第二章　中国的立场与回应

第一节　应对气候变化的态度和立场

在应对气候变化方面,中国不断提高了国家应对气候变化战略,坚持共同但有区别的责任等原则,努力加强《巴黎协定》的实施,主张结合各自国情采取气候行动以应对气候变化。2020年9月,在第七十五届联合国大会一般性辩论上,习近平主席宣布,中国将提高国家自主贡献力度,碳排放力争于2030年前达到峰值,努力争取2060年前实现碳中和。2021年9月,习近平主席在第七十六届联合国大会一般性辩论时再次提出,中国将大力支持发展中国家能源绿色低碳发展,不再新建境外煤电项目。

上述减排目标和停止新建境外煤电项目的承诺,明确了我国应对气候变化的态度,也回应了美欧等发达经济体强调由煤炭向低碳能源过渡的主张。总体来看,虽然与美欧提出的逐步淘汰燃煤使用、更高减排力度的要求有差异,但符合中国的发展实际,并且中国一直支持通过多边的方式去应对气候变化和保护环境。

第二节　对把气候问题扩大到贸易领域的立场和态度

在涉及与贸易有关的气候措施方面,主要包括欧盟提议的CBAM、美欧钢铝贸易联合声明等,中国明确表示反对此类措施,认为其将形成贸易壁垒,具有贸易歧视性,违反多边主义原则和精神。

2021年4月7—8日在印度举行的金砖国家气候变化部长级会议上,中国就同巴西、南非、印度联合声明,表示对引入单边的碳边境调节严重关切,认为该机制形成贸易壁垒,具有歧视性,违反了公平原则和共同但有区别责任原则[1]。在2021

---

[1] South African Government, Joint Statement Issued at the Conclusion of the 30th BASIC Ministerial Meeting on Climate Change, Apr. 8, 2021, https://www.gov.za/nr/speeches/joint-statement-issued-conclusion-30th-basic-ministerial-meeting-climate-change-hosted.

年 7 月 26 日生态环境部召开的例行新闻发布会上,生态环境部新闻发言人刘友宾
谈到了对欧盟 CBAM 的看法,他认为碳边境调节机制本质上是一种单边措施,无
原则地把气候问题扩大到贸易领域,既违反 WTO 规则,也不符合《联合国气候变
化框架公约》及《巴黎协定》的原则和要求,特别是共同但有区别的责任等原则。他
指出碳边境调节机制将助长单边主义、保护主义之风,会极大伤害各方应对气候变
化的积极性和能力。

此外,对于美欧 2021 年 10 月底达成的《钢铁和铝贸易联合声明》,中国驻欧盟
使团团长张明大使在 2021 年 11 月 10 日接受英国《金融时报》专访时认为,《钢铁
和铝贸易联合声明》应以维护全球多边贸易机制和经济治理规则为前提,但美欧把
矛头对准钢铝生产的碳排放,以此为借口来设置新的贸易保护措施,可能会加剧全
球供应链、产业链紧张,无助于缓解各国面临的压力,不符合《联合国气候变化框架
公约》及《巴黎协定》所体现的多边主义原则和精神。

从这些多次公开表态中,不管是正式还是非正式场合,可以看到中国反对以单
边的形式把气候问题扩大到贸易领域的态度。

第三章　协调单边行动的趋势与影响

从以上 2021 年气候议程的观察来看,在以美国和欧盟为首的协调单边行动主导下,以下三大方面的发展趋势值得持续关注:一是以欧盟为首的碳边境调节机制将带来新的贸易规则,加拿大和英国都有追随的趋势,美国态度虽然尚不明朗,但美欧在钢铝产品贸易上的合作,显示出利用气候议题影响贸易的意图,在这一层面上美欧发达经济体的行动是协调的,需要关注此后的发展;二是美欧通过清洁技术和标准合作强化影响力,获取市场竞争力;三是美欧通过基础设施投资以及生产制造的环境要求保证供应链的安全与弹性。上述行动表现出以共同价值观为纽带的协调,利用经济绿色转型,通过规则引导市场、通过基础设施投资以及技术和标准合作获取并主导市场,通过供应链弹性建设保护市场,逐步实现在全球经济再平衡背景下"西方阵营"竞争优势的维护和强化。

第一节　气候措施与碳密集产品贸易

包括欧盟已经提出的 CBAM 及美欧《钢铁和铝贸易联合声明》。欧盟 CBAM 针对纳入管制的非欧盟产品,具有全球针对性,会导致出口成本上涨;美欧《钢铁和铝贸易联合声明》则将施行以碳为基础的钢铁和铝贸易产业安排,致力于限制"肮脏"的钢铁在美欧市场上的倾销,抑制全球性钢铁产能过剩日趋严重的现象。

专栏 4-1

欧盟官方测算欧盟碳边境调节机制对中国碳密集产品出口影响

根据欧盟 2021 年 7 月的 CBAM 立法提案,目前仅计划对从欧盟以外进口的钢铁、铝、水泥、肥料和电力征收碳排放费用。根据碳排放费用计算方式,分析 CBAM 对相关部门的影响,应主要考虑三个因素:一是该部门产品与欧盟市场

的贸易情况,可决定该产品是否受影响及影响程度;二是该产品的碳排放强度,可决定该产品的碳成本;三是出口国的碳价政策,可在何种程度上抵减该产品的碳价成本。

从中国出口至欧盟的产品来看,受到影响的产品包括钢铁、铝、水泥、化肥。电力部门未对欧出口,因而不受影响。四类产品中,铝、钢铁这两项占欧盟进口的比例较大,分别为9%和14%(见下图)。假设欧盟碳边境调节机制全部生效,基于2035年欧盟完全取消免费配额、每吨二氧化碳征收60欧元情景,以2019年的中欧贸易数据为例,中国出口欧盟的钢铁产品贸易额约43.55亿欧元,将被征收约4.56亿欧元碳边境调节费,CBAM成本约占该年出口欧盟钢铁产品总额的10.47%;中国出口欧盟的铝产品贸易额约14.73亿欧元,将被征收约1.48亿

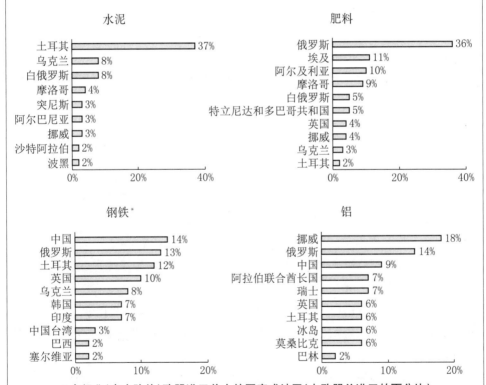

4个行业(电力除外)欧盟进口前十的国家或地区(占欧盟总进口的百分比)

* 挪威因接入 ETS 市场而被排除。

资料来源:根据欧盟税收和关税部门官员的演讲报告整理,https://ercst.org/event/eu-cbam-proposal-discussion/。

欧元碳边境调节费,CBAM 成本占出口欧盟铝产品总额的约 10.05%。从这些数据看,CBAM 实施后中国钢铝产品受影响较大,且上述 60 欧元属于保守假设,截至 2021 年年底,该价格已经接近 80 欧元,未来随着欧盟碳市场免费配额的取消,欧盟碳配额价格将进一步上涨。

专栏 4-2

欧盟碳边境调节机制对中国产业的可能影响

中国与欧盟互为重要贸易伙伴,也是全球碳排放总量最高的国家。欧盟碳边境调节机制(CBAM)以贸易强度与排放强度为确定碳排放重点行业的评判标准,通过征收"碳关税"的措施将气候与贸易挂钩,实现制造业回流和增强欧盟企业在盟内和国际市场竞争力。该措施将对中国高碳排放产品出口,以及在全球价值链高速扩张时期由发达国家转移至中国的所谓"碳泄漏"行业产生重大影响,并引起全球供应链和生产布局的调整。

一、钢铁和铝行业已被纳入 CBAM,且中国对欧盟出口额较大,可能受到较显著负面影响

欧盟首批碳排放五大重点行业中,中国对欧盟出口化肥、水泥产品金额较低,双方在电力行业无贸易往来,但欧盟是中国钢铁和铝产品的重要出口市场。2020 年,欧盟成为中国第三大钢铁产品和第二大铝产品出口市场,分别占中国钢铁和铝产品出口总额的 6.1% 和 10.7%,且近年来份额较为稳定。同时,中国也是欧盟钢铝产品的主要进口来源,2020 年中国在欧盟钢铁和铝产品进口中分别位列第二位和第四位,分别占欧盟钢铁和铝产品进口总额的 12.2% 和 7.9%。因此,若欧盟在 CBAM 实施后对进口自中国的钢铝产品加征碳关税,将使中国面临较为严峻的出口形势。

二、中国对欧盟出口"通信设备、计算机和其他电子设备""化学产品""电气机械和器材"产品的碳排放量较高,若后续纳入 CBAM 征税范围,可能受到较大负面影响

中国对欧盟出口碳排放总量的 90% 主要集中在 11 个行业,其中排名前三位的行业共计占比 51%,"通信设备、计算机和其他电子设备""化学产品"和"电气机械和器材"分别占中国对欧盟出口贸易碳排放总量的 21%、17% 和 13%。高碳排放总量意味着高碳关税成本,若上述行业被纳入 CBAM,中国出口企业将面临更大的挑战。

值得注意的是,在这三类产业中,部分化学产品已被列为欧盟 2021—2030 年碳泄漏风险部门,而欧洲议会在 2021 年 12 月 21 日关于欧盟委员会 CBAM 提案的报告草案中,提出将有机化学品、氢气和聚合物添加到所涵盖的行业名单中,并建议在 CBAM 的试点阶段之后开始对间接排放(如电力排放)进行核算。若 CBAM 的最终实施细则采纳欧洲议会修改建议,则碳关税的影响将逐步扩展至各相关行业的上下游。

第二节 基础设施投资活动与气候议程

在 2021 年的气候议程单边协调行动中,我们观察到基础设施、公共项目受到了美欧等发达经济体的关注,他们强调高质量和可持续的基础设施对实现气候目标的价值,从美国"重建更美好世界"(Build Back Better World,B3W)倡议、欧盟"全球门户"计划、英国的"清洁绿色倡议",到七国集团的《基础设施和投资伙伴关系联合声明》以及 COP26 会议间达成的《支持国际公正过渡的条件》融资计划,均聚焦于通过技术和资金支持发展中国家建设可持续、有复原力的基础设施及帮助摆脱对碳密集型产业的依赖等。

在非洲地区,美国、欧盟、法国、德国、英国已经与南非签署了《公平的能源转型伙伴关系》,重点帮助南非实现电力系统的脱碳;另外,欧盟、法国等还与众多非洲国家签署了《绿色长城倡议和加速器》;在印太地区,美国与日本以 JUCEP 为基础,通过双方关系加快对印太地区清洁能源的投资,目前已经在湄公河国家实施了电力伙伴关系,促进该地区更可持续的能源部门和优质的能源基础设施发展。

第五部分
公平贸易与反补贴

内 容 摘 要

长期以来,美国、欧盟等发达经济体认为"政府财政资助等来自第三国的非市场导向政策和做法加剧了关键部门的严重过剩产能,扭曲市场,导致了不公平的竞争条件,影响了国际贸易的正常开展,而现有 WTO 补贴与反补贴规则体系无法解决它们的关注"。加强产业补贴的国际规制、制定更为严格的产业补贴规则成为美国本轮重构全球贸易投资规则的重点问题之一。2017 年底,美欧日三方发表联合声明,将反对支持产能扩张、扭曲市场的大额补贴作为共同目标,提出协作发展更严格的产业补贴规则,从而解决市场扭曲和产能过剩的问题,就此拉开了产业补贴领域国际经贸规则重构的序幕。此后美欧等分别通过国别单边和协调单边做法实质性推动了国际补贴与反补贴规则的扩展。

从国别单边行动来看,美欧采取措施的重点有所不同。美国首先着手解决长期以来备受国内各方关注的汇率低估问题,将其纳入反补贴调查范围,并且开始尝试在立法层面解决外国补贴和投资补贴等问题。欧盟则关注所谓的"外国补贴"问题,开始采用反补贴调查处理跨境补贴问题,并努力推出系统规则来规范投资等经济活动中的外国补贴行为。虽然美欧当前各自对补贴问题的关注和着力点有所不同,但总体来说有三个共同的特点或趋势。首先,扩大可采取反补贴措施的范围,将汇率补贴、跨境补贴等并不在各国传统反补贴调查范围之内的补贴项目纳入调查。其次,将补贴规则从贸易领域向投资、金融等非贸易领域延伸,扩大了补贴规则的打击力度与效果。最后,美欧之间在具体应对手段上有相互借鉴的趋势。

从协调的单边行动来看,2021 年美欧加快推进这一进程,它们联合盟友或"志同道合者",利用 WTO 改革议程、七国集团领导人或贸易部长会议、美欧贸易和技术委员会等国际场合和双边机制协调彼此的立场,明确主要的实现途径,并计划通过钢铝部门产业协议的方式来落实具体的规制设想。这些行动具有四方面的特征:第一,始终以非市场导向政策与做法为核心目标进行规则设计;第二,从原则性声明逐渐向具体可操作性的方案落地;第三,实现路径以各自国内措施为主,力求快速有效,未来一段时间内国际补贴规则重构将以美欧等发达经济体国别的单边行动为主要推进形式,实现快速解决各自关注的重点,待时机成熟时对各自的国内做法进行国际协调形成统一规则;第四,强调盟友或"志同道合者"之间的集体方式解决关注,力争在更为广泛的发达经济体之间达成共识并采取行动,产生连锁示范效应。

　　美欧推进更为严格的产业补贴国际规则制定，无论从制度设计还是从一些措施的实施情况和实施效果来看，都有着非常强的中国指向性，对中国未来的对外贸易、投资、生产布局及国内补贴政策将产生重大影响。对此，中国反对美欧违反世界贸易组织相关规则的单边行动，坚持主张在 WTO 改革议程下对现有国际补贴规则进行完善，而非另行创设一套具有经济体制歧视性的补贴规则，以期为中国经济发展营造较为公平的国际环境。

加强产业补贴的国际规制是美国本轮重构全球贸易投资规则的重点问题之一。美国、欧盟等发达经济体认为,政府财政资助及支持产能扩张等措施加剧了关键部门的严重过剩产能,扭曲市场的大额补贴导致了不公平的竞争条件,影响了国际贸易的正常开展,而现有 WTO 补贴与反补贴规则体系无法解决它们的关注,因此极力推进对产业补贴规则的更新与发展,在 WTO 改革议程及其他场合加强协作,以期消除上述补贴所带来的不公平竞争和贸易保护主义行为。从 2017 年底至 2021 年 11 月 30日,美欧日三方共发布 8 份联合声明,每份声明都强调必须重新制定规范产业补贴的新规则,以保证公平的竞争环境,并在 2018 年 5 月和 2020 年 1 月的第 3 份和第 7 份联合声明①中就新规则规制的方向和重点进行了详细的论述。同时,在此过程中,美欧在各自国内都采取了相应措施来解决其所谓的带来不公平竞争的产业补贴问题。欧盟关注所谓的“外国补贴”问题,美国则首先着手解决长期以来备受国内各方关注的汇率低估问题。上述行动实质性推动了国际补贴与反补贴规则的发展。

第一章　协调单边行动举措

第一节　国别(组织)的单边行动

一、美国

（一）美国商务部将汇率低估问题纳入反补贴调查范围

汇率低估问题在美国国内一直备受关注,美国国会议员多次提出提案,要求对

---

　　① US, Japan and EU, Joint Statement on Trilateral Meeting of the Trade Ministers of the United States, Japan, and the European Union, May 31, 2018, https://ustr.gov/about-us/policy-offices/press-office/press-relea-ses/2018/may/joint-statement-trilateral-meeting? from = timeline&-isappinstalled = 0; US, Japan and EU, Joint Statement of the Trilateral Meeting of the Trade Ministers of Japan, the United States and the European Union, Jan-uary 14, 2020, https://ustr.gov/about-us/policy-offices/press-office/press-releases/2020/january/joint-statement-trilateral-meeting-trade-ministers-japan-united-states-and-european-union.

汇率低估问题采取反补贴措施,或者对汇率低估国的出口产品征收统一的反补贴税,但都没有获得通过。2020 年,美国商务部改变其长期立场,通过修改商务部反补贴调查规则的方式,避开国会立法,将争论已久的汇率问题纳入反补贴调查范围内。

2020 年 2 月 4 日,美国商务部发布联邦公报,确定了修改反补贴调查规则利益计算方法和专向性认定相关规定的最终规则①。根据美国反补贴法的相关规定,可以实施反补贴措施的补贴项目必须满足三个要素,即补贴是由政府或委托的公共机构提供的财政资助、授予补贴接受者利益、具有专向性。该最终规则进行了两个要素的修改。

首先,在利益计算部分纳入了汇率低估特别规则。美国反补贴法规定了四种类型的财政资助,美国商务部的部门规章进一步规定了确定每种财政补助是否产生利益的计算方法,但现有规章中没有涉及货币低估作为一项潜在补贴的利益计算方式。该最终规则加入了关于货币低估问题的利益计算方式,将一个国家的实际有效汇率与均衡实际有效汇率的差额作为判断是否存在利益的标准。

其次,将汇率低估补贴认定为具有事实上的专向性。新规则在国内补贴的专向性方面增加了贸易部门的分类,将从事国际贸易的企业认定为事实专向性规定所指的"一组"企业或产业,使汇率低估补贴满足专向性认定要求。

新规则从 2020 年 4 月 6 日起生效。以上规则的修改为美国商务部在反补贴调查时间中将汇率低估纳入反补贴调查项目提供了依据和技术指引。

2020 年 6 月 22 日,美国对韩国、中国台湾、泰国和越南的客车和轻型卡车轮胎发起反补贴调查②,美国商务部在此案中正式对越南发起了汇率低估补贴调查,这也是美国首次发起对此类补贴项目的调查。2021 年 5 月 21 日,美国商务部对越南轻卡和乘用车轮胎反补贴调查做出肯定性终裁,认定越南存在货币低估从而构成补贴③。

---

① Enforcement and Compliance, International Trade Administration, Department of Commerce, Modification of Regulations Regarding Benefit and Specificity in Countervailing Duty Proceedings, Feb. 4, 2020, https://www.federalregister. gov/documents/2020/02/04/2020-02097/modification-of-regulations-regarding-benefit-and-specificity-in-countervailing-duty-proceedings.

② Enforcement and Compliance, International Trade Administration, Department of Commerce, Passenger Vehicle and Light Truck Tires from the Socialist Republic of Vietnam: Initiation of Countervailing Duty Investigation, Jun. 29, 2020, https://www.federalregister. gov/documents/2020/06/29/2020-13957/passenger-vehicle-and-light-truck-tires-from-the-socialist-republic-of-vietnam-initiation-of.

③ Enforcement and Compliance, International Trade Administration, Department of Commerce, Passenger Vehicle and Light Truck Tires from the Socialist Republic of Vietnam: Final Affirmative Countervailing Duty Determination, May 27, 2021, https://www.federalregister. gov/documents/2021/05/27/2021-11265/passenger-vehicle-and-light-truck-tires-from-the-socialist-republic-of-vietnam-final-affirmative.

截至 2021 年 12 月底,美国商务部共在 7 个反补贴调查案件中调查汇率低估补贴项目,除了第一个案件涉及越南,其余 6 个案件均涉及人民币汇率低估问题。美国商务部在这些案例中对汇率低估的认定需要判断是否存在汇率波动、是否被 IMF 认定为汇率低估、是否被美国财政部列入汇率操纵或汇率政策监控名单、汇率政策是否缺乏透明度以及使用 GERAF 模型判断 REEF(real effective exchange rate)与均衡 REEF 之间的差额。

截至 2022 年 5 月,涉及中国产品的 6 个调查案件中,美国商务部对 5 起案件作出了终裁。在中国产扎带和集装箱拖车底盘两起调查中,美国商务部以案情复杂、调查时间不充足为由,将人民币汇率低估问题推迟到第一次行政复审时再做裁决。另外三起已经做出终裁的案件中,美国商务部均认定存在汇率低估,但汇率低估并没有为出口商提供利益,因此最终没有计入补贴率计算中。具体情况参见下表。

表 5-1 美国商务部反补贴案件汇率低估调查汇总(截至 2021 年 12 月 31 日)

立案时间	涉案产品	案件号	货币低估补贴率
2020 年 6 月 22 日	越南客车和轻型卡车轮胎	C-552-829	4.7%
2020 年 7 月 17 日	中国扎带	C-570-132	(因案情复杂、调查时间不充足,美国商务部决定将人民币汇率低估问题推迟到第一次行政复审时再作裁决)
2020 年 8 月 20 日	中国集装箱拖车底盘及其部件	C-570-136	(因案情复杂、调查时间不充足,美国商务部决定将人民币汇率低估问题推迟到第一次行政复审时再作裁决)
2021 年 2 月 2 日	中国 R-125-五氟乙烷	C-570-138	(终裁认定汇率低估,但没有为出口商提供利益)
2021 年 3 月 19 日	中国移动式升降作业平台	C-570-140	(终裁认定汇率低估,但没有为出口商提供利益)
2021 年 4 月 20 日	中国手扶式扫雪机及其部件	C-570-142	(终裁认定汇率低估,但没有为出口商提供利益)
2021 年 10 月 20 日	中国货运铁路车钩系统及其部件	C-570-144	(调查中)

资料来源:根据美国商务部信息整理,参见 https://access.trade.gov/login.aspx?ReturnUrl=%2flogout.aspx。

（二）美国国会推动补贴规则立法

2021 年,美国国会部分议员也在积极考虑对美国的反补贴法进行重大修改,以适应新形势的要求。2021 年 4 月,美国俄亥俄州的共和党参议员罗布·波特曼(Rob Portman)和民主党参议员谢罗德·布朗(Sherrod Brown)联合提出名为《2021 年消除全球市场扭曲以保护美国就业法案》(Eliminating Global Market Distortions to Protect American Jobs Act of 2021)的立法提案,对美国《1930 年关税法》有关反倾销反补贴的章节进行重大修改。2021 年 12 月 2 日,美国阿拉巴马州的民主党众议员泰瑞·塞厄尔(Terri Sewell)和俄亥俄州共和党众议员比尔·约翰逊(Bill Johnson)提出了同名立法提案。该提案于 2022 年 2 月 4 日作为《2022 年美国竞争法案》[①]中的一部分被众议院通过。《2022 年美国竞争法案》关于美国反补贴法的修改旨在解决跨境补贴、汇率低估补贴和投资补贴问题。

对于跨境补贴问题,《2022 年美国竞争法案》规定,如进口至美国的某种类或类别产品的生产商或出口商获得了其他国别政府或公共机构授予的补贴,且该生产商或出口商本国政府或公共机构为该项补贴的授予提供了便利,则美国商务部应当将此类补贴视同为由本国政府或公共机构所提供的,并将此类可诉性补贴的税率合并入反补贴税中。立法提案还要求,在认定一项跨境补贴是否具有法律上或事实上的专向性时,美国商务部应当对给予补贴的政府或公共实体的一般补贴做法进行审查。[②]

对于汇率低估补贴问题,前述商务部规则的修改只是解决了商务部在反补贴调查实践中的技术指引问题,商务部在是否接受将汇率低估作为补贴项目调查方面仍然有裁量权。《2022 年美国竞争法案》则从法律层面赋予美国商务部对该项补贴进行调查的法定义务。如果原告在申请书中提出了有关汇率低估补贴的主张,则商务部需要对这一补贴项目进行调查和评估,以确定是否存在补贴并且该补贴属于可诉性补贴。在计算这一补贴利益时,应当将应诉企业为了兑换美元而实际收到的货币(比如人民币)与没有被低估的情况下应当收到的该种货币之间的差额认定为补贴。[③]

在投资补贴方面,《2022 年美国竞争法案》着力解决并购中外国补贴可能带来的不公平竞争问题。该法案规定,根据《克莱顿法》第 7A 节履行并购报告义务的人必须将收到的外国补贴情况进行报告,必须报告每个补贴项目的细目。应联邦贸易委员会和司法部负责反垄断事务的助理总检察长的要求,报告人应提供详细

---

① America COMPETES Act of 2022,H.R.4521,Jan. 25,2022.

② Section 102101,America COMPETES Act of 2022,H.R.4521,Jan. 25,2022.

③ Section 102302,America COMPETES Act of 2022 ,H.R.4521,Jan. 25,2022.

的证据材料和信息,以便前述机构作出并购是否违反反垄断法的决定。报告的补贴项目包括直接补贴、赠款、贷款(包括低于市场利率的贷款、优惠政府采购政策、外国政府拥有股权或控制权等其他经济支持形式)。[1]

二、欧盟

相比美国,欧盟在补贴与反补贴国际规则的发展方面走得更快。欧盟关注贸易投资中的"外国补贴"问题,也就是第三国政府为本国企业或关联企业在欧盟市场贸易和投资等活动提供不公平竞争优势的补贴。目前,WTO《补贴与反补贴措施协议》对此并没有加以规制,欧盟现有法律体系也未对此有专门性的规定。欧盟通过以下两种方式对其进行规制,以保护其所谓的公平竞争环境。

(一)扩大适用反补贴措施,遏制外国补贴对欧盟市场的影响

1. 利用反补贴措施规制政府支持的外国投资行为

在 2018 年 11 月 13 日欧委会对中国产卡车轮胎反补贴案终裁中,欧委会首次将企业在对外投资过程中接受的政府(或实体)的资金支持视为"出口补贴"[2]。

中国化工集团有限公司及其全资子公司中国化工橡胶有限公司(以下简称CNRC)是该案涉案企业。CNRC 在 2015 年底收购了意大利倍耐力轮胎公司 65% 的股权。欧委会认为 CNRC 在收购过程中获得的中国政府(或实体)支持构成了出口补贴,包括从中国国务院国资委获得了 5 亿元人民币的赠款,从中国国家开发银行、中国进出口银行和中国建设银行在内的银行财团获得了 8 亿欧元的优惠贷款,获得上述贷款人民币 1 700 万元的利息返还等不同形式的支持。

欧委会对出口补贴构成的推理逻辑做了两方面的论证。

一是专向性认定。化工产业是中国政府各种优惠融资计划中列明的鼓励产业之一,并且中国政府相关政策都是针对出口企业,因此具有产业专向性和出口专向性。

---

[1]　The America COMPETES Act of 2022, H.R.4521, Jan. 25, 2022, section 80203.

[2]　European Commission, Commission Implementing Regulation(EU) 2018/1690 of Nov. 9, 2018, Imposing Definitive Countervailing Duties on Imports of Certain Pneumatic Tyres, New or Retreaded, of Rubber, of a Kind Used for Buses or Lorries and with a Load Index Exceeding 121 Originating in the People's Republic of China and Amending Commission Implementing Regulation (EU) 2018/1579 Imposing a Definitive Anti-dumping Duty and Collecting Definitively the Provisional Duty Imposed on Imports of Certain Pneumatic Tyres, New or Retreaded, of Rubber, of a Kind Used for Buses or Lorries, with a Load Index Exceeding 121 Originating in the People's Republic of China and Repealing Implementing Regulation(EU) 2018/163, OJ L 283, Nov. 12, 2018, https://eur-lex.europa.eu/legal-content/en/TXT/?uri = CELEX: 32018R1690.

二是出口实绩认定。欧委会分别从措施的设计和结构、操作方式以及措施的实际操作情况三个方面进行了说明。首先,措施的设计和结构方面,该措施所依据的政策法律文件与"预期出口增加"相挂钩。其次,措施的操作方式方面,丝路基金自成立以来所有支持的项目均以提高出口业绩为条件。最后,措施的实际操作情况方面,CNRC 通过收购倍耐力增加了出口能力,在调查期间对欧盟出口整体增加 29%。

因此,上述资金支持被欧委会裁决为出口补贴。

2. 首次将反补贴调查适用于跨境补贴

2020 年 6 月 15 日,欧委会发布对原产于中国和埃及的玻璃纤维织物反补贴调查肯定性终裁[①]。此案中,欧委会创造性地解释了传统反补贴调查规则,将外国政府提供的跨境补贴纳入到调查范围。

(1) 基本情况。埃及的两家涉案企业巨石埃及和恒石埃及分别是中国巨石和中国恒石在埃及苏伊士经贸合作区投资的子公司。欧委会在调查中将这两家企业收到的所有补贴,不论其来源,均纳入调查范围。因此,除了埃及政府在园区提供的低价电力供应、直接或间接税减免外,两家公司直接或间接获得的中国政府(实体)提供的资助也被调查,包括直接银行贷款、中国政策银行通过母公司向埃及公司提供贷款、出口信用保险、低价购买和租赁土地等。

(2) 使用"可归因原则"将补贴范围从境内补贴扩大到跨境补贴。WTO《补贴与反补贴措施协议》第 1 条"补贴的定义"规定:"在一成员(本协定中称为"政府")领土内,存在由政府或任何公共机构提供的财政资助,如果:……"欧盟的反补贴条例第 3 条"补贴的定义"也规定:"在以下情况下,应视为存在补贴:1.(a)由原产国或出口国政府提供的财政捐款(there is a financial contribution by a government in the country of origin or export),如果:……"迄今为止,欧共体只针对生产出口商品所在国家的政府所给予的补贴。欧共体在本案引入可归因原则解释补贴定义条款,认为中国政府提供的资助可归因于埃及政府,因此是埃及政府提供的补贴,以此满足补贴定义。

---

① European Commission, Commission Implementing Regulation(EU) 2020/776 of 12 June 2020 Imposing Definitive Countervailing Duties on Imports of Certain Woven and/or Stitched Glass Fibre Fabrics Originating in the People's Republic of China and Egypt and Amending Commission Implementing Regulation (EU) 2020/492 Imposing Definitive Anti-dumping Duties on Imports of Certain Woven and/or Stitched Glass Fibre Fabrics Originating in the People's Republic of China and Egypt, Jun. 15, 2020, https://eur-lex.europa.eu/legal-content/EN/TXT/?toc = OJ%3AL%3A2020%3A189%3ATOC&uri = uriserv%3AOJ.L_.2020. 189.01.0001.01.ENG.

（3）引入可归因原则解释"补贴"定义条款。欧委会引用美国汽油案上诉机构的裁决①、《维也纳条约法公约》第 31.3（c）条和《关于争端解决规则与程序的谅解》第 3.2 条，认为习惯国际法对所有的 WTO 成员都有约束力。国际法委员会起草的《国家对国际不法行为的责任条款草案》（ILC 条款）属于习惯国际法，该草案的归因概念可解释补贴定义中"由政府"一词。ILC 第 11 条规定，对于不归于一国的行为，经一个国家"确认并使其成为自己的行为"可视为该国的行为。因此根据该规定，只要上述补贴项目可归因于埃及政府，便可视为埃及提供的补贴。

（4）可归因原则在本案的适用。苏伊士经贸合作区是中国政府认定的国家级境外经贸合作区，埃及政府提供土地、劳动力和某些税收减免，而中方则提供技术、管理和必要的资金支持。双方在 2016 年签订了合作协议，肯定了这种合作模式。这表明埃及已经确认了中方的资助行为并将其作为自己的行为，故中方为园区内企业提供的补贴可以归因于埃及政府。

通过"可归因"的引入，欧委会试图回避 WTO《补贴与反补贴措施协议》中对"领土内"的要求，将反补贴调查扩大到了跨境补贴的情况。

2021 年 2 月 17 日，欧委会对从印度和印度尼西亚进口的不锈钢冷轧平板（SSCR）发起反补贴调查，该案中欧委会再次适用前述埃及玻璃纤维纺织品案件中的方法，对于印度尼西亚出口的不锈钢冷轧平板，中国政府提供给生产企业的补贴可归因于印度尼西亚政府，因此认定存在补贴②。

（二）拟定新规弥补现有制度漏洞，重塑对外国补贴规制的框架

上述案件，欧盟对外国补贴的处理仍在反补贴调查框架下进行。然而，欧盟及其成员国关注外国补贴在更多领域的市场扭曲情形，例如欧盟内部市场的投资行为等。欧盟认为，无论是 WTO《补贴与反补贴措施协议》，还是其盟内《外国直接投资审查条例》、欧盟合并控制规则、欧盟反垄断规则、欧盟公共采购框架等，现有政策工具都无法解决这种补贴带来的市场扭曲问题。为此，2020 年 6

---

① The Appellate Body of the WTO, WT/DS2/AB/R-US-Reformulated Gasoline, Appellate Body Report, May 20, 1996, p.17.

② European Commission, Commission Implementing Regulation（EU）2022/433 of 15 March 2022 Imposing Definitive Countervailing Duties on Imports of Stainless Steel Cold-rolled Flat Products Originating in India and Indonesia and Amending Implementing Regulation（EU）2021/2012 Imposing a Definitive Antidumping Duty and Definitively Collecting the Provisional Duty Imposed on Imports of Stainless Steel Cold-rolled Flat Products Originating in India and Indonesia, Mar. 16, 2022, https://eur-lex.europa.eu/legal-content/EN/TXT/?uri=CELEX%3A32022R0433.

月 17 日,欧委会发布《在外国补贴方面创造公平竞争环境白皮书》(以下简称《白皮书》)①,系统地阐述了可能采取的规范外国补贴的制度设计。2021 年 5 月 5 日,欧委会发布《关于扭曲国内市场的外国补贴条例草案》(以下简称《草案》)②,将《白皮书》正式转化为立法建议。《草案》的主要内容如下。

1. 补贴定义

《草案》规制的是给予在内部市场从事经济活动的经营者的外国补贴。"外国补贴"需要满足三个条件,即第三国的政府或任何公共机构提供的财政资助、财政资助授予利益并且具有法律或事实上的专向性。该定义基本和 WTO《补贴与反补贴措施协议》一致,但财政资助的范围不局限于货物,还扩展到了服务。同时,《草案》还特别关注最有可能极大扭曲欧盟内部市场的四种类型补贴,分别为向经营不善经营者提供的补贴、以对经营者的债务或负债提供无限制担保的形式提供的补贴、直接促进经营者集中的外国补贴、确保公共采购合同竞标者的投标占据过度优势的补贴。这些补贴类型都是 WTO《补贴与反补贴措施协议》所没有明确列出的。

此外,不超过 500 万欧元的外国补贴应被视为不太可能扭曲欧盟内部市场,不在《草案》规制范围内。

2. 三类规制对象

《草案》主要针对三种情形下的外国补贴引入了调查机制。

(1)促进并购的外国补贴调查(经营者集中)。此类调查旨在解决促成收购欧盟目标的外国补贴所造成的扭曲问题,确保一企业收购欧盟企业(股份)时,外国补贴不会使补贴接受方获得不公平优势。所针对的外国补贴可以直接用于某项收购,或者事实上提高收购方的财务实力,进而促进某项收购。此外,调查还适用于对重要但可能非控股的少数股权或股份的收购情形。当被并购公司或至少一个合并方在欧盟市场的营业额为 5 亿欧元或以上,且并购方获得 5 000 万欧元以上的外国补贴支持,将启动该调查。

(2)促进参与公共采购的外国补贴。此类调查是专门针对公共采购中的扭曲现象而进行的审查,确定外国补贴是否有助于企业参与公共采购程序,例如外国补

---

① European Commission, White Paper on Levelling the Playing Field as regards Foreign Subsidies, Jun. 17, 2020, https://ec.europa.eu/competition/international/overview/foreign_subsidies_white_paper.pdf.

② European Commission, Proposal for a Regulation of the European Parliament and of the Council on Foreign Subsidies Distorting the Internal Market, May 5, 2021, https://eur-lex.europa.eu/legal-content/EN/TXT/?uri = CELEX%3A52021PC0223.

贴是否使受益于补贴的经营者参与该程序,从而损害未获得补贴的企业。这里针对的外国补贴是直接用于参与某项公共采购活动,或者事实上提高参与方的财务实力,进而促进参与某项公共采购活动。《草案》规定,当公共采购投标价值为 2.5 亿欧元或以上,将启动该调查工具。

（3）一般程序调查的外国补贴。如果有证据证明特定部门、特定类型的经济活动或基于特定补贴工具的外国补贴存在可能扭曲内部市场的情形,委员会可对特定部门、特定类型的经济活动或有关补贴工具的使用进行市场调查。这是欧委会在认为存在外国补贴的情况下发起的主动调查,为前两种调查提供了兜底保障。

第一种和第二种类型的调查均为企业设置了事前通报义务,企业在计划收购或提交投标书时应向有关部门通报接受补贴的情形,以便后者审查是否存在扭曲并采取相应行为,有关部门审查前所涉交易暂停。如企业为履行通报义务,则将面临罚款处罚。如欧委会认为存在具有扭曲效应的外国补贴,且负面影响大于正面影响,可以采取禁止市场交易行为、拆分资产、罚款等就纠正措施。

除了各自的适用情形外,《草案》还设定了评估市场扭曲的标准、欧共体利益测试、初步调查和深入调查、不合作情况的处理、罚款等规则。截至 2022 年 2 月底,《草案》处于欧盟理事会内部讨论阶段①。

三、对国别（组织）单边行动的总结

从上述美欧在补贴规则发展的单边行动的观察来看,虽然美欧当前各自的关注和着力点有所不同,但总体来说有三个共同的特点或趋势。

第一,扩大可采取反补贴措施的范围。由于存在法律适用合规方面的不确定性和技术障碍,汇率补贴、跨境补贴等并不在各国传统反补贴调查的范围之内。美国、欧盟等为保护国内产业,创设性地解释和适用规则,对可采取反补贴措施等范围进行了扩大,这其中不乏违反现行 WTO 补贴与反补贴规则之处,为其他国家起到了负面示范效应。

第二,将补贴规则从贸易领域向投资等非贸易领域延伸。传统补贴规则限于贸易领域,美欧的单边行动将适用领域扩大了投资、金融等非贸易领域,扩大了补贴规则的打击力度与效果。

第三,美欧之间在具体应对手段上有相互借鉴的趋势。在欧盟接连采取措施

---

① 详细情况参见欧委会网页介绍 https://eur-lex.europa.eu/legal-content/EN/HIS/?uri=CELEX:52021PC0223。

处理跨境补贴、外国补贴等问题之后,美国国内也有相应呼声要求解决类似问题,并且在美国众议院就此形成一定共识。这说明美欧之间在补贴问题具体应对手段上有相互借鉴的趋势,如继续向其他发达国家蔓延,将产生一定规模的负面外溢效应。

第二节　协调的单边行动

规制第三国非市场导向下的产业补贴、构建公平贸易环境已经成为美欧等发达经济体的共识,早在它们在各自国内采取单边措施之前,美欧日等借助诸边联合声明确定了重构国际产业补贴规则的发展方向,它们还利用 WTO 改革议程、七国集团领导人峰会和贸易部长会议、双边合作机制、特定产业部门协议等各种国际场合和方式开展紧密协作,不断协调各自的立场、观点和做法,以加速推进国际产业补贴规则重构的进程。

一、美欧日三方联合确定重构国际产业补贴规则的发展方向

从 2017 年底至 2021 年 11 月 30 日,美欧日三方共发布 8 份贸易部长级别联合声明,就如何解决 WTO 改革、产业补贴、国有企业、数字贸易和电子商务等领域的重点关注发表意见。第一份联合声明①提出了三方的核心关注之一,即非市场导向政策和做法,该核心关注贯穿在此后的七份联合声明中。美欧日三方认为,这种非市场的政策和行为带来了关键部门严重过剩产能、扭曲市场并导致不公平的贸易竞争条件,三方要加强合作,消除这种市场扭曲和贸易保护主义做法。制定更为严格和有效的产业补贴规则,成为美日欧三方解决该核心关注的主要解决手段。第二份联合声明提出要确定更强有力产业补贴规则的基础②。第三份联合声明就制定产业补贴规则的基础专门发布了具体文件,阐明规则制定的目标是解决补贴透明度问题、处理好公共机构和国有企业的市场扭曲行为,制定更为有效的产业补

---

① U.S., Japan and EU, Joint Statement by the United States, European Union and Japan at MC11, Dec. 12, 2017, https://ustr.gov/about-us/policy-offices/press-office/press-releases/2017/december/joint-statement-united-states.

② U.S., Japan and EU, Joint Readout from Meeting of the United States, European Union and Japan in Brussels, Mar. 10, 2018, https://ustr.gov/about-us/policy-offices/press-office/press-releases/2018/march/joint-readout-meeting-united-states.

贴规则①。第五份联合声明强调在 2019 年春季前推进三方关于产业补贴相关文本的制订②。

2020 年 1 月 14 日,第七份美欧日三方联合声明③就未来产业补贴规则的制定发布了非常详细的原则立场,代表了美欧日三方重塑国际产业补贴规则的意图和方向,具体体现在以下六个方面,值得重点关注。

(一)增加无条件禁止性补贴种类

WTO《补贴与反补贴措施协议》第 3.1 条所规定的禁止性补贴清单不足以解决某些管辖范围内存在的扭曲市场和贸易的补贴做法。因此,需要在 WTO《补贴与反补贴措施协议》中新增下列无条件禁止性补贴,即无限担保、在无可靠重组计划的情况下对资不抵债或困难企业提供的补贴、对处于产能过剩的部门或无法从独立商业来源获得长期融资或投资的企业提供的补贴、某些直接的债务免除。

(二)补贴损害举证责任倒置

根据 WTO《补贴与反补贴措施协议》的规定,WTO 成员可就造成不利影响的可诉补贴请求与另一缔约方措施,请求方必须提供证据证明存在补贴,并且该补贴对其国内产业造成损害或侵害其利益。

第七份联合声明认为某些类型的补贴有害性较强,因此要求举证责任倒置,要求提供补贴的成员证明所涉补贴不存在对贸易或产能的严重负面影响,并证明所涉补贴实际上公开透明。涉及的补贴类型包括过度的大额补贴、支持不具竞争力的公司并阻止其退出市场的补贴、在缺乏私营企业商业性参与的情况下创造大规模制造业产能的补贴等。提供补贴的成员方如无法承担举证责任,则必须立即撤销所涉补贴。

(三)在严重损害的认定标准中加入与产能相关的考量因素

WTO《补贴与反补贴措施协议》第 6.3 条规定了补贴对另一成员利益造成严

---

① U.S., Japan and EU, Joint Statement on Trilateral Meeting of the Trade Ministers of the United States, Japan, and the European Union, May 31, 2018, https://ustr.gov/about-us/policy-offices/press-office/press-releases/2018/may/joint-statement-trilateral-meeting.

② U.S., Japan and EU, Joint Statement of the Trilateral Meeting of the Trade Ministers of the European Union, Japan and the United States, Jan. 9, 2019, https://ustr.gov/about-us/policy-offices/press-office/press-releases/2019/january/joint-statement-trilateral-meeting.

③ U.S., Japan and EU, Joint Statement of the Trilateral Meeting of the Trade Ministers of Japan, the United States and the European Union, Jan. 14, 2020, https://ustr.gov/about-us/policy-offices/press-office/press-releases/2020/january/joint-statement-trilateral-meeting-trade-ministers-japan-united-states-and-european-union.

重侵害的若干情形。但是,这些情形并未包括所涉补贴对产能造成扭曲的情况。因此,第七份联合声明认为应在该条中增加一类与产能相关联的严重侵害情形。

(四)反向通报机制

美欧日三方认为 WTO《补贴与反补贴措施协议》补贴通报机制相关规定的执行情况糟糕,现行规则缺乏相关的激励机制。因此,应在该协议加入新的强有力的激励措施,鼓励成员对补贴进行适当通报。对其他成员方反向通报中提供的成员方未通报的补贴,除非补贴成员在规定的时间内以书面形式提供了所需信息,否则此类未通报补贴视同禁止性补贴。

(五)阐明外部基准的适用条件和适用方法

美欧等发达成员在国内反补贴调查案件中,在补贴成员的国内市场存在扭曲的情况下,经常会适用外部基准来计算补贴利益,然而 WTO《补贴与反补贴措施协议》规则并没有相关的明确规定,由此在 WTO 引起的争端不断。第七份联合声明认为应对现有规则进行修订,明确拒绝使用补贴成员国内价格的情况以及确定适当基准的方法(包括使用补贴成员以外成员的市场价格),解决其在国内反补贴调查案件中适用外部基准的 WTO 合规性问题。

(六)定义"公共机构"

对于补贴的提供主体,WTO《补贴与反补贴措施协议》引入了公共机构的概念,但没有加以定义。而美欧日三方仍试图将国有企业纳入"公共机构"范围,并将"在确定某一实体是'公共机构'时不必认定该实体'拥有、行使或被授予政府权力'",作为它们后续讨论的基础。

二、美欧贸易技术委员会启动会联合声明将解决非市场经济政策和做法作为主要工作内容

2021 年 6 月 15 日,美欧发布美欧峰会声明,宣布成立美欧贸易技术委员会(Trade and Technology Council, TTC),目标包括促进美欧之间的创新与投资、强化供应链,并且避免不必要的贸易障碍[①]。2021 年 9 月 29 日,美欧贸易技术委员会在美国宾夕法尼亚州匹兹堡举行首次会议,并发表联合声明,包括一个声明、五

[①] U.S. and EU, U.S.-EU Summit Statement, Towards a Renewed Transatlantic Partnership, Jun. 15, 2021, https://www.whitehouse.gov/briefing-room/statements-releases/2021/06/15/u-s-eu-summit-statement/.

个成果和十个工作范围,成立十个工作组来完成相关工作①。第十个工作组"全球贸易挑战"的重点关注之一,是来自非市场经济政策和做法的挑战。该联合声明还发布了"关于全球贸易挑战的声明",具体阐明了"全球贸易挑战"工作组将如何开展工作。"关于全球贸易挑战的声明"指出,美欧将在对非市场国家的贸易政策进行合作,寻求更新WTO规则手册,对工业补贴、国有企业的不公平行为及其他贸易和市场扭曲做法进行更有效的约束。为了实现前述目标,美欧打算在"全球贸易挑战"工作组进行三个方面的合作。

(1)分享非市场扭曲政策和做法的信息,这其中就涉及扭曲市场的工业补贴,包括给予和通过国有企业的支持,以及政府提供的所有其他类型的支持、国有企业的反竞争和非市场行动等。

(2)重点通过国内措施的方式予以解决,为改善国内措施的有效性,首选对国内措施进行盘点,并就国内措施的使用和发展进行磋商和协调。

(3)交流关于第三国非市场、扭曲性政策和做法的影响的信息,探讨与其他伙伴合作的范式。

从此份联合声明可以看出,和美欧日三方八次联合声明的核心关注一样,美欧贸易技术委员会也是重点关注非市场政策做法及其带来的扭曲效应。由于美欧认为非市场经济提供的补贴是其非市场做法的重要组成部分,虽然该声明没有明确提及如何修改现有补贴规则,但其就"全球贸易挑战"工作组提出的合作要求将为补贴规则的更新提供很好的事实基础,并且可以判断,未来美欧各国重点将以协调的各自国内措施的方式推进国际补贴规则的发展。

三、七国集团贸易部长声明关注自由和公平贸易问题

2021年,七国集团召开了数次领导人或贸易部长会议,自由和公平贸易问题始终是这些会议关注的核心。2021年2月19日,七国集团发布七国领导人联合声明,将解决非市场导向的政策和实践的集体方法作为优先事项,并采取具体行动②。2021年3月31日,七国集团贸易部长举行首次"七国集团贸易轨道会议",声明贸易部长将讨论有害的工业补贴等扭曲市场的做法(包括造成某些部门产能

①　U. S. and EU, EU-US Trade and Technology Council Inaugural Joint Statement, Sep. 29, 2021, https://ec.europa.eu/commission/presscorner/detail/en/STATEMENT_21_4951.

②　G7, Joint Statement of G7 Leaders, Virtual meeting hosted by the UK, Feb. 19, 2021, http://www.g7.utoronto.ca/summit/2021cornwall/210219-leaders.html.

过剩的补贴)以及对经济的影响,并制定集体解决的方法①。2021 年 5 月 28 日,七国集团发布《贸易部长公报》(以下简称《公报》),致力于将自由和公平贸易作为基于规则的多边贸易体系的基本原则和目标,并致力于国际经贸规则的现代化②。在阐明该目标后,《公报》对扭曲市场的政策和做法作了强调。《公报》指出,需要关注有害的工业补贴(尤其是那些导致产能过剩的补贴)、国家在经济活动中的作用和国有企业在不公平补贴的透明度问题,回顾了 OECD 等做过的相关工作,呼吁开始谈判,就扭曲市场的工业补贴和国有企业的贸易扭曲行为制定更强有力的国际规则。《公报》认为,更深入透彻的证据和透明度将提高全球对这一问题的理解,并对相关国家施加压力,因此将在补贴透明度方面开展必要的技术合作,并且继续就 WTO 货物贸易理事会的通知提案进行密切合作,以改善通知义务的遵守情况,加强作为 WTO 核心的透明度原则。2021 年 10 月 22 日,七国集团贸易部长举行线上会议,就关于 WTO 第 12 次部长级会议、WTO 改革、公平贸易等问题发表《联合公报》③。在公平和自由贸易及扭曲市场的政策和做法方面,此次《联合公报》大部分重复了 2021 年 5 月 28 日公报的内容,但值得关注的一点是,该《联合公报》强调公平竞争及解决贸易和投资中扭曲现象的重要性,是 2021 年历次七国集团贸易部长会议以来首次将公平竞争理念延伸至投资领域。

四、构建针对产能过剩导致市场扭曲的金属部门安排

2021 年,美欧除了关注整体产业规则的更新外,还特别强调了钢铁和铝等金属部门的市场扭曲问题,它们认为主要由第三方导致的全球产能过剩造成了市场扭曲,对双方钢铁、铝业及其产业工人造成了严重威胁,因此计划在该领域采取专门的应对措施。2021 年,七国集团数次贸易部长会议多次强调了 OECD 钢铁产能过剩全球论坛的作用④。2021 年 5 月 17 日,美国贸易代表戴琦、商务部长雷蒙多

---

① G7, Chair's Statement, Virtual meeting, Mar. 31, 2021, http://www.g7.utoronto.ca/trade/210331-statement.html.

② G7, G7 Trade Ministers' Communiqué, 28 May 2021, https://www.g7uk.org/g7-trade-ministers-communique/.

③ G7, The Joint Communiqué issued by the G7 countries at the G7 Trade Track, Oct. 22, 2021. https://www.gov.uk/government/news/g7-trade-ministers-communique-october-2021.

④ 钢铁产能过剩全球论坛(Global Forum on Steel Excess Capacity, GFSEC)系根据二十国集团领导人杭州峰会共识于 2016 年 12 月在柏林成立,共 33 个成员。GFSEC 是一个国际平台,旨在加强信息共享与合作,讨论和寻找应对产能过剩挑战的集体解决方案,并加强钢铁行业的市场运作。根据论坛职责文件,GFSEC 于 2019 年到期后结束。

与欧委会执行副主席东布罗夫斯基(Dombrovskis)发表联合声明,宣布启动全球钢铁和铝业产能过剩问题双边磋商机制。美国与欧盟成员国认为,双方是盟友和伙伴,同为市场经济国家,具有一致的国家安全利益,双方可以合作推进高标准,共同解决关切的问题,并让实施贸易扭曲政策的国家承担责任。双方同意就钢铁和铝业产能过剩及其解决方案进行磋商,包括采取保护关键产业的贸易措施。为了确保双方能够在最具有建设性的环境下进行合作,美欧同意将避免采取对双边贸易具有负面影响的措施,并承诺进行高效磋商,力求在2021年底前找到解决方案,确保双方钢铁和铝业的长期竞争力①。在此基础上,2021年10月31日,美欧宣布将在2024年前谈成世界上第一个关于钢铁和铝贸易的部门协议,以解决碳排放和非市场过剩产能问题②。2021年11月12日,美国贸易代表办公室再次发表声明,将与日本开展上述类似合作③。

根据美欧钢铝贸易协议的声明,恢复市场导向和减少高碳钢铝产品贸易是该协议的两个主要目标,而传统上美欧认为第三方提供的各种形式的补贴是非市场过剩产能的直接原因,因此预计协议将可能会在补贴规则方面有所涉及。

五、对协调的单边行动的总结

从2017年底美欧日三方联合声明开始,美欧等发达经济体在国际补贴规则的制定方面持续开展合作,2021年更是快速推进这一议程的发展,呈现出以下四个方面特点。

第一,始终以非市场导向政策与做法为核心目标进行规则设计。无论是在八份美欧日联合声明、七国集团领导或贸易部长声明,还是在美欧贸易技术委员会的双边安排中,美欧等发达经济体始终重点关注非市场导向政策做法及其带来的扭曲效应,以此为核心目标来进行相应的规则设计。

---

① U.S. and EU, Joint United States-European Union Statement on Addressing Global Steel and Aluminum Excess Capacity, May 17, 2021. https://ustr.gov/about-us/policy-offices/press-office/press-releases/2021/may/joint-united-states-european-union-statement-addressing-global-steel-and-aluminum-excess-capacity.

② U.S. and EU, Joint US-EU Statement on Trade in Steel and Aluminum, Oct. 31, 2021, https://ustr.gov/about-us/policy-offices/press-office/press-releases/2021/october/joint-us-eu-statement-trade-steel-and-aluminum.

③ U.S., U.S. Statement on Working With Japan to Address Global Steel and Aluminum Excess Capacity, Nov. 12, 2021, https://ustr.gov/about-us/policy-offices/press-office/press-releases/2021/november/us-statement-working-japan-address-global-steel-and-aluminum-excess-capacity.

第二，从原则性声明逐渐向具体可操作性的方案落地。经过四年多的交流协商，美欧等发达经济体对国际补贴规则重构的思路和方向日渐清晰。2017 年提出原则性声明之后，2020 年提出了详细的重构建议，2021 年美欧选择在贸易技术委员会设立专门工作组解决讨论具体问题，并以钢铝部门为切入点谈判协议，解决具体产业部门的市场扭曲问题。国际补贴规则的制定从设想逐步向实际举措推进。

第三，实现路径以各自国内措施为主，力求快速有效。由于补贴是各国在经济活动中广泛采取的一种政策工具，要在国际层面达成新的共识，需要协调各方利益，达成国际层面规则的难度较大、时间较长。因此，美欧在 2021 年的美欧贸易技术委员会首次会议上确定将各自国内措施作为解决问题的主要途径，并就各自国内措施进行交流沟通。据此可以判断，未来一段时间内国际补贴规则重构将以美欧等发达经济体国别的单边行动为主要形式，实现快速解决各自关注的目的，待时机成熟时再将各自的国内做法协调成为国际规则推出。

第四，强调盟友或"志同道合者"之间的集体方式解决关注。2017 年以来，美欧主导的国际补贴规则重构强调要加强盟友或"志同道合者"之间的合作，通过集体方式来解决共同关注。美欧希望通过集体方式形成针对非市场导向政策与做法的统一阵线，避免形成规则洼地，影响美欧行动的效果。因此美欧等将力争在更为广泛的发达经济体之间就此问题上达成共识并采取行动，产生一定规模的连锁示范效应。

第三节　选择性多边行动

尽管从 2018 年 WTO 改革议程启动以后，该进程举步维艰，基本没有取得任何重大进展，但美国、欧盟等 WTO 成员仍将 WTO 作为推进国际补贴规则发展的一个重要场合。2019 年 3 月 1 日美国贸易代表办公室发布的《2019 年度贸易政策议程及 2018 年度报告》[①]和欧盟于 2018 年 9 月 18 日提出的《WTO 现代化：欧盟未来方案》[②]是欧美提出的较为具体的 WTO 改革方案，二者都要求 WTO 必须应对所谓的"非市场经济"挑战，加强 WTO 成员对于通报和透明度义务的履行。具

---

① USTR，2019 Trade Policy Agenda and 2018 Annual Report of the President of the United States on the Trade Agreements Program，Mar. 2019，https://ustr.gov/sites/default/files/2019_Trade_Policy_Agenda_and_2018_Annual_Report.pdf.

② European Commission，Concept Paper，WTO modernization Future EU Proposals on Rulemaking，Sep. 18，2018，https://trade.ec.europa.eu/doclib/docs/2018/september/tradoc_157331.pdf.

体到补贴规则修改方面,美国、欧盟等 WTO 成员多次单独或联合提出提案,要求对《补贴与反补贴措施协议》规则进行修改。提案涉及内容集中在以下两个方面。

一、提高补贴透明度和相关通报义务履行情况

根据 WTO 网站公开的资料,相关提案主要在 2017 年至 2018 年间提出,要求成员方提高对《补贴与反补贴措施协议》补贴通报义务的履行程度,并且提出反向通报、未履行义务成员的代表不得被提名担任 WTO 任何机构负责人、提高未履行义务成员应承担的 WTO 成员费用等惩罚措施[①]。例如,欧盟 2017 年 5 月 29 日的提案建议应进一步增强补贴的透明度,并通过补贴通报的推定机制来加强通报义务的执行,所谓推定机制是指如果一项补贴没有通报或被反向通报,则可推定其为补贴,甚至推定为导致严重侵害的补贴。

二、扩大可采取反补贴措施的补贴类型

2020 年 12 月 17 日,美国采用了部长级决议草案的形式,提出了名为"通过贸易规则推进可持续发展目标以达成公平竞争环境"的提案[②]。具体而言,该提案规定,政府未能适用、维持、实施和有效执行达到或超过基本标准门槛的环境保护法律和法规可视为《补贴与反补贴措施协议》下的"可诉补贴",如果某一个产业不成比例地受益于污染控制或其他低于基本标准门槛的环境措施,则其他成员可以在该产业商品进入成员关税领土时征收与该产业所获收益相等的反补贴税。

此外,2021 年 2 月 18 日,欧委会在向欧洲议会和欧盟理事会等机构提交的通信文件中,以附件形式发布了《世贸组织改革:建立可持续和有效的多边贸易体制》的报告[③],进一步阐述欧盟对 WTO 改革的建议,其中一项重要内容就是主张制定

[①] 欧盟 2017 年 5 月 29 日的提案(TN/RL/GEN/188);2018 年 10 月 26 日,美国向补贴与反补贴措施委员会提出了有关第 25.8 条和第 25.9 条的修改指导原则(G/SCM/W/557/Rev.3);2018 年 11 月 1 日,阿根廷、哥斯达黎加、欧盟、日本和美国提出的加强 WTO 协定透明度和通知要求的程序的通报(JOB/GC/204、JOB/CTG/14)。

[②] WTO General Council, Advancing Sustainability Goals through Trade Rules to Level the Playing Field, Dec. 17, 2020, https://docs.wto.org/dol2fe/Pages/SS/directdoc.aspx?filename = q:/WT/GC/W814. pdf&.Open = True.

[③] European Commission, Annex to the Communication from the Commission to the European Parliament, the Council, the European Economic and Social Committee and the Committee of the Regions, Trade Policy Review-An Open, Sustainable and Assertive Trade Policy, Feb. 18, 2021, https://trade.ec.europa.eu/doclib/docs/2021/february/tradoc_159439.pdf.

"竞争中立"规则,包括产业补贴、国有企业、强制技术转让等内容。该文件指出,为实现某些合法目标,可能需要进行公共干预,WTO 应该允许一成员经济中存在不同程度的公有制。因此,问题的关键不在于国家在经济中的角色,而是如何有效应对具有负面溢出效应、扭曲市场竞争、限制市场准入以及影响全球市场的国家干预。为此,欧盟建议 WTO 应制定严格的产业补贴规则,提高补贴透明度,纳入更多的禁止性补贴和推定有害的补贴类别;应该充分考虑绿箱补贴(即为支持合法公共目标且对贸易仅产生微小扭曲作用的补贴),特别是具有透明度并遵守规则的环境补贴和研发补贴。WTO 还应制定国有企业新规,使国有企业的商业活动符合在自由贸易和投资协定中已达成共识的相关纪律,约束其市场扭曲行为。

第二章 中国的立场与回应

此轮全球贸易投资规则重构进程中,美国、欧盟等认为应加严产业补贴的国际规制,并在国内、国际层面纷纷采取行动实质性推动国际补贴与反补贴规则的发展。关于是否应加强对产业补贴的国际规制,中国认为补贴是世界各国为解决市场失灵、实现促进经济发展、技术研发、环境保护、稳岗就业等各类公共政策目标所必需且普遍使用的一种政策工具。WTO通过《补贴与反补贴措施协议》对扭曲贸易市场的产业补贴进行规制,目前总体运行良好,但存在一些小的问题。因此,中方强调应在WTO改革框架下启动有关补贴改革的谈判。[1]总体而言,在公平贸易与补贴议程方面,中国主张通过多边框架解决,反对美国、欧盟等违反世界贸易组织规则的单边行动,同时积极在自由贸易协定中探索完善相关补贴规则。

第一节 关于WTO补贴与反补贴规则改革的总体立场

在WTO改革议程启动之后,中国政府也在2019年5月发表了《中国关于世贸组织改革的建议文件》[2],在该文件中明确就WTO框架下补贴及反补贴规则表明了中国的改革立场。2021年10月28日,国务院新闻办公室举行的新闻发布会上,中国商务部世贸司司长又就WTO补贴规则谈判问题阐述了中方的观点[3]。综合下来,中国主要有三方面的具体主张。

一是农业补贴必须与产业补贴同时讨论,以确保这两个重要的领域都能实现

---

① 国新办举行世贸组织第八次对华贸易政策审议情况发布会,2021年10月28日,http://www.scio.gov.cn/m/xwfbh/xwbfbh/wqfbh/44687/47307/index.htm。

② 《中国关于世贸组织改革的建议文件》,2019年5月14日,http://www.mofcom.gov.cn/article/jiguanzx/201905/20190502862614.shtml。

③ 国新办举行世贸组织第八次对华贸易政策审议情况发布会,2021年10月28日,http://www.scio.gov.cn/m/xwfbh/xwbfbh/wqfbh/44687/47307/index.htm。下文根据这些相关官方文件和表态整理。

公平竞争。中国认为,现行农业补贴纪律存在严重不公平,主要体现在"综合支持量(AMS)",即部分发达成员享受较高水平的 AMS、对农业生产和农产品贸易造成严重扭曲、大多数发展中成员没有 AMS,甚至保障粮食安全所必需的收储政策也无法有效等方面。中国认为应逐步削减并最终取消 AMS,并达成关于粮食安全公共储备的永久解决方案。

二是应讨论加严反补贴反倾销等贸易救济纪律等内容,以解决当前贸易救济措施滥用的问题。中国认为,WTO 反补贴规则存在缺失和模糊之处,实践中存在误用和滥用规则的情况,基于国别和企业类别的歧视性做法日益增加,严重干扰正常国际贸易秩序。因此,中国建议:澄清和改进补贴认定、补贴利益确定、可获得事实等补贴和反补贴相关规则,防止反补贴措施滥用;改进反补贴调查透明度和正当程序,加强效果和合规性评估;同时应给予发展中成员、中小企业和公共利益更多考虑等。

三是应讨论恢复不可诉补贴的问题,主要是为了各成员应对疫情和气候变化留出政策空间。

此外,对于发达成员方提出的补贴通报提案和国有企业相关补贴问题关注,中国也作了回应。关于发达成员建议的补贴反向通报义务,中国建议:一是发达成员在履行通报义务上发挥示范作用,确保通报全面、及时、准确;二是成员应提高补贴反向通报质量;三是成员应增加经验交流;四是秘书处应尽快更新通报技术手册并加强培训;五是应努力改进发展中成员通报义务的履行,对于确因能力不足无法及时履行通报义务的发展中成员特别是最不发达国家,应通过技术援助加强其通报能力建设。

关于与国有企业相关的补贴问题,中国认为,美欧等关于重新定义"公共机构"的建议,是对国有企业的歧视性规则,不利于创造公平竞争的制度环境。中国建议 WTO 应坚持公平竞争原则,确保不同所有制企业在进行商业活动时的公平竞争环境,在补贴规则改革中,不应对国有企业设立特殊的、歧视性纪律。

第二节　反对美欧违反世界贸易组织相关规则的单边行动

中国政府密切跟踪美国、欧盟在 WTO 之外采取的有关汇率补贴、外国补贴等新的单边行动,及时就其做法严重违反有关国际规则作出明确表态。

关于美国在反补贴调查实践中将所谓的"人民币汇率低估"认定为补贴,中国商务部明确指出美国的做法违反国际规则①。首先,美国调查机关没有按照相关WTO规则的要求进行调查和论证,主要依据缺乏证据的美国财政部报告进行裁决的做法是完全错误的。中国已于2015年加入国际货币基金组织数据公布特殊标准(SDDS),并按该标准披露外汇相关数据,完全符合国际标准。其二,美国没有按照其与中国签订的《中美第一阶段经贸协议》处理汇率问题,该协议明确"每一方应彼此尊重对方依据国内法律行使货币政策权",中国完全享有货币政策的自主权。其三,汇率问题超出了一成员按照WTO规则进行反补贴调查的权限。中方敦促美方遵守现有国际规则,停止对所谓"人民币汇率低估"进行反补贴调查。

关于欧盟反补贴调查中有关跨国补贴的做法,中国商务部明确指出,欧盟的做法违反了WTO关于补贴应来自出口国政府的规定,也将使来自任何国家或地区的企业在全球的投资和经营过程中面临相同的风险。中方呼吁欧方纠正其歧视性违规政策做法,同时将采取必要措施坚决维护中国企业的正当权益。②

关于欧委会发布的《关于扭曲国内市场的外国补贴条例草案》(以下简称《草案》),欧盟中国商会代表中国企业表达了担心。该商会在其公布的立场文件中称,限制有政府支持的盟外企业购买欧盟核心资产的政策建议可能违反WTO规则,带来诸多法律风险。欧盟中国商会认为,《草案》部分建议无法从欧盟条约中找到法律依据,且与欧盟及成员国已公布的诸多法律措施重叠,在执行过程中容易产生"双重标准"。这类法律工具还可能与欧盟在WTO下承担的义务不符。《草案》规定的相关豁免门槛过低。欧盟中国商会强调,欧洲债务危机后,欧盟为吸引外国投资而给予中国企业的优惠条件应得到合法保障。

第三节　在 RCEP、CAI 等区域经贸协定中
积极探索对补贴规则的完善

中国强调和支持在 WTO 改革议程下进行补贴规则的谈判,同时在《区域全面经济伙伴关系协定》(Regional Comprehensive Economic Partnership,RCEP)和《中欧全面投资协定》(EU-China Comprehensive Investment Agreement,CAI)等

---

① 商务部贸易救济调查局负责人就美在对华扎带反补贴案中首次调查所谓"人民币汇率低估"项目应询发表谈话,2020 年 7 月 23 日,http://www.mofcom.gov.cn/article/ae/sjjd/202007/20200702985671.shtml。
② 商务部贸易救济调查局负责人就欧盟玻璃纤维织物反补贴案终裁发表谈话,2020 年 6 月 18 日,http://www.mofcom.gov.cn/article/ae/ai/202006/20200602975504.shtml。

中国参与的区域经贸协定中积极探索对补贴规则进行完善。RCEP 主要对 WTO 的反补贴调查程序进行改进,设定的不利事实程序规则对应诉方更为宽松、有利,还设置了价格承诺的规则通知制度,明确规定了反补贴调查的核查通知时限,事实披露时限更为明确,减少了反补贴调查的任意性①。

CAI 中,中国和欧盟着力解决双方共同关注补贴透明度问题,强化补贴透明度纪律并适用于服务领域。CAI 要求缔约方应公布补贴的目标、法律依据、补贴形式、补贴数额或预算额、补贴接受者,设定专门的争议解决机制,明确具体的履行期限以及具体履行方式,并且适用于服务业,填补 WTO 规则中的一个重要空白②。

---

① 参见 RCEP 第 7 章第 2 节第 11 条、第 14 条和附件一。
② 参见 CAI 第三部分"监管框架"中第二节"透明度"的第 8 条透明度。

第三章　协调单边行动的趋势与影响

在此轮产业补贴国际规则的构建中,美欧等经济体提出了第三国"非市场导向政策和做法"的概念,将这种扭曲市场和竞争的行为作为主要规制目标。虽然前述美欧为解决该问题所采取的各种单边或国际协同行动没有明确提及中国,但是对中国的担心显而易见。无论从制度设计还是从一些措施的实施情况和实施效果来看,这些行动都有着非常强的中国指向性,对中国未来的对外贸易、投资、生产布局及国内补贴政策都会产生重大影响。

第一节　"一带一路"倡议等对外投资和贸易活动可能受限

由于补贴是各国都会采取的经济政策工具之一,对于补贴的规范各国比较谨慎,传统上 WTO 的补贴和反补贴规则主要适用于货物贸易,并且设有严格的条件限制。欧盟创造性地解释 WTO 现有补贴与反补贴规则使得其反补贴调查的范围得以扩大,设计了一套全新的制度针对投资、公共采购等经济活动的补贴行为,这些行动将原有的补贴规则从贸易领域扩展到了投资、服务、政府采购等领域,超出了 WTO 的规制范围。欧盟的做法体现出很强的将贸易规则与投资规则相融合的趋势,投资行为成为其规制的主要对象,这对未来中国企业的对外投资及相关的贸易活动会产生较大的限制作用,尤其在"一带一路"倡议实施方面。前述欧盟的反补贴案件虽然针对不同情况和不同产品,但欧委会都引用了中国《国务院关于推进国际产能和装备制造合作的指导意见》、商务部《对外贸易发展"十三五"规划》等推进"一带一路"倡议实施的法律政策作为其裁决的出发点,欧盟反补贴调查政策的调整针对"一带一路"倡议的指向性非常明显,《关于扭曲国内市场的外国补贴条例草案》的出台也是欧盟对所谓中国"国家驱动型投资"战略的回应[1]。在国有企业

---

[1]　Eeropean court of auditors,The EU's response to China's state-driven investment strategy,Sep. 15,2020,https://www.eca.europa.eu/Lists/ECADocuments/RW20_03/RW_EU_response_to_China_EN.pdf.

作为主要对外投资主体，国内银行等各种金融机构提供资金支持的运作模式下，中国企业在"一带一路"沿线国家的投资和贸易活动被认定为存在补贴的可能性极大，面临着被欧盟采取措施的风险。如欧盟的做法被美国、日本等其他国家效仿，中国企业对外投资等活动将面临不确定性更大的国际环境，遇到的障碍和阻力也将增加。

第二节　中国产品竞争优势将有可能被削弱

长期以来，美国国内持有一种论调，认为人民币等外国货币汇率被人为低估，使相关出口商品获得了不公平的比较优势，损害了美国的就业和产业。在修改相关反补贴调查规则之前，美国商务部对于汇率补贴问题持反对态度。美国商务部认为汇率补贴调查无法符合法定的补贴专向性和授予利益要件。特朗普政府上台后推行"美国优先"政策，美国国内贸易保护主义盛行，美国商务部的立场也发生了转变，汇率反补贴新规的出台赋予了商务部在反补贴调查中处理汇率补贴问题的自由裁量权，并且为其扫除了法律适用上的技术障碍。虽然汇率反补贴调查还存在合规性争议，但美国政府的贸易保护工具箱中又增加了一件有力的新工具已成事实，这进一步加强了美国就汇率低估问题有针对性地采取有效单边行动的能力，中国出口产品因为汇率波动所获得的竞争优势将被进一步削弱。而且当美国滥用301 调查、232 调查等贸易工具对中国产品施加额外关税时，汇率反补贴调查可以直接抵消汇率贬值对冲美国提高关税的效果，中国应对美国不公平贸易行为的政策空间将被压缩。

此外，美欧在钢铝等金属产业部门的特殊安排谈判、美国在 WTO 提出的将执行不力环境措施作为可采取反补贴措施的补贴的提议将环境政策、气候政策、补贴政策和贸易工具联系起来，由于中国钢铝等相关产业尚处于向低碳化方向转型的过程，美欧上述提议如通过单边或协调单边形式实施，中国钢铝等相关产品的出口也将面临不少障碍，甚至要警惕美欧集体围堵中国产品出口的不力局面。

第三节　全球生产布局面临调整可能

此外，随着中国劳动力成本上升、国际生产布局重新调整和中美经贸摩擦等变化，中国一些产业也开始向海外转移生产。根据欧盟关于跨境补贴的最新实践及关于外国补贴的最新提案,这些与中国有关联的海外企业从中国获得的融资、采购的原材料等都可能会被视为接受了来自中国的补贴,其出口产品面临被采取反补贴措施的可能性,在欧盟的经济活动可能受到一定程度的限制或竞争力下降等不利影响。相关企业出于在欧盟顺利开展业务、减少合规成本、避免潜在的反补贴调查威胁等考虑,很可能会被迫将国内与国外市场的生产运营割离开来,这将可能导致企业的生产布局发生相当程度的调整。

第四节 国内补贴政策所面临的透明度和合规压力增大

补贴透明度问题是此轮国际经贸规则重构中公平贸易与补贴议程的重要内容之一,美国、欧盟等通过 WTO、七国集团贸易部长会议、TTC 等不同场合表达了对这一问题的关注。它们尤其关注中国的补贴政策透明度问题。中国政府克服各种困难,较好地完成补贴通报义务,例如,2021 年 7 月,中国向 WTO 通报了 2019—2020 年的补贴政策,为 WTO 的其他成员作出了一个很好的表率[1]。尽管如此,美欧等多次利用 WTO 贸易政策审议机制就补贴政策透明度问题对中国发难。美欧在美日欧三方联合声明等文件中提出的补贴改革方案中将透明度作为一个主要的改革方向。《中欧全面投资协定》最终谈判文本也引入了更为严格的产业补贴透明度义务要求,对中国也提出了较高的履约挑战。美欧还计划针对非市场导向下经济常用的补贴形式进行歧视性规制。过高的透明度义务要求将增加中央及地方各级政府部门的工作负担,造成行政资源浪费。

---

[1] China,Subsidies,New and Full Notification Pursuant To Article XVI:1 of the GATT 1994 and Article 25 of the Agreement on Subsidies and Countervailing Measures,China,G/SCM/N/372/CHN,Jul. 13,2021,https://docs.wto.org/dol2fe/Pages/FE_Search/FE_S_S009-DP.aspx?language = E&CatalogueIdList = 283505,277069,276413,271399,267414,262149,257989,256008,255764,253082&CurrentCatalogueIdIndex = 2&FullTextHash = &HasEnglishRecord = True&HasFrenchRecord = True&HasSpanishRecord = True.

第六部分
地缘政治与贸易

内 容 摘 要

在当前全球供应链加快本土化、区域化和友岸化的情况下,地缘政治对全球贸易的影响力在日趋扩大。基于本国战略安全及利益需要,诸如美国、欧盟等发达经济体正逐步通过单边及竞争性区域行动,构筑一个以"特定价值观为基础"的本土化供应链/价值链网络,意图联合若干盟友或伙伴经济体,进一步发挥地缘政治联盟对贸易的影响作用,以达到维护自身利益、打击少数竞争对手之目的。其中,印太地区的相关外交与长远战略的调整成为重点,相关经贸安排意在制约中国在《区域全面经济伙伴关系协定》生效后进一步在地区发挥具有影响力的大国作用。

在国别的单边行动上,美国及欧盟分别推出了《美国印太战略》《美国印太经济框架》及《欧盟印太合作战略》,三者均指出要支持自由开放的印太地区,并在经贸内容中广泛涉及供应链安全与弹性、数字经济、环境与气候等议题,提及进一步与印太地区相关经济体的合作。在竞争性区域行动上,美国又逐步形成美欧关于印太事务的高级别磋商会议、美日印澳四方安全对话机制(QUAD)及美日韩三方会谈为核心的印太战略沟通平台,以进一步丰富印太地区经贸领域的繁荣与发展。鉴于当前欧盟发布的印太战略内容较为框架性,美欧关于印太事务的高级别磋商会议、美日印澳四方安全对话机制及美日韩三方会谈等又较为原则性,而美国所推动的印太经济框架则发展迅猛,多有创新,故美国当下所着力推进的印太经济框架可能对印太地区的经贸发展产生更为重要与长远的影响。

美国印太经济框架由一个主框架与四个关键议题支柱组成。四大关键议题支柱主要包括以下内容。(1)互联经济:在贸易方面,美国将与其合作伙伴就广泛的问题进行全面接触。在数字经济领域推行高标准的规则,包括跨境数据流动和数据本地化的标准,同时解决诸如在线隐私及歧视性和不道德地使用人工智能的问题;在劳工和环境标准领域寻求强有力的标准及企业问责条款,通过贸易为工人促进(待遇或环境的)竞争。(2)有弹性的经济:推进有弹性和安全的供应链,使其具备多样性、开放性和可预测性,更好地预测和预防供应链中断;通过建立早期预警系统,绘制关键矿物供应链图,提高关键部门的可追溯性。(3)清洁经济:寻求对清洁能源、去碳化和基础设施的首创承诺,促进高薪就业;追求具体的、雄心勃勃的目标,以加快解决气候危机的努力,包括在可再生能源、脱碳、能源效率标准和防治甲烷排放的新措施。(4)公平经济:制定和执行有效的税收、反洗钱和反贿赂制度,使之与美国及其伙伴现有的促进公平竞争的多边义务相符,以加强打击腐败的努力。与以往美国构筑双边或诸边经贸关系所采用的模式不同,印太经济框架将由美国贸易代表戴琦及商务部部长雷蒙多共同主持框架的实质工作,并在形式与内容上呈现出以下三大特点。一是以非自由贸易协定方式缔结,分模块化运作,形式上更为灵活与自由。二是印太经济框架将不涉及关税减让与市场准入问题,但将在与全球经贸相关的若干新议题与国内监管上施以浓墨重彩。三是创新运用精准规制企业的"执行机制",压实供应链企业"问责制",实现跨国企业全球布局调整。

现有资料显示,印太经济框架可能将在两年内予以完全落实。其一旦落实,将可能对全球经贸规则治理及中国经贸发展产生如下三方面影响:首先,协定缔结范式转变进一步推动以美国为首的全球经贸规则重构"协调单边主义"落地;其次,进一步对中国与印太地区国家之间的跨境数据治理提出挑战;最后,进一步强化关键供应链的"去中国化",进一步对冲中国因 RCEP 生效所带来的制度性红利。作为亚洲大国,中国与印太地区,特别是东盟国家之间有着数千年源远流长的友好关系、山水相连的地缘空间及血脉相通的人文交流历史。长久以来,中国也十分注重与印太地区国家积极发展双边及诸边经贸关系,并在"人类命运共同体倡议下"进一步推进与印太地区经济体之间更为友好及长久的经贸关系。可以预见,即便美国持续推进印太经济框架,中国同印太地区国家一道践行"真正的多边主义"、构建开放型地区经济、共同建设美好的亚太家园的态度不会变,上述态度也将会成为中国日后处理与印太地区经济体关系的基本准则。

基于历史、宗教、种族及文化等诸多因素之不同,世界可以按照地缘被明确界分为若干在经济发展以及政治取向上迥异的利益集团。

在当前全球供应链加快本土化、近岸化和友岸化的情况下,地缘政治对全球贸易的影响力在日趋扩大。基于本国战略安全及利益需要,诸如美国、欧盟等发达经济体正逐步通过单边及竞争性区域行动,构筑一个以"特定价值观为基础"的本土化供应链/价值链网络,意图联合若干盟友或伙伴经济体,进一步发挥地缘政治联盟对贸易的影响作用,以达到维护自身利益、打击少数竞争对手之目的。其中,印太地区的相关外交与长远战略的调整成为重点,相关经贸安排意在制约中国在RCEP生效后进一步在地区发挥具有影响力的大国作用。本部分内容以美国、欧盟的印太战略,特别是以美国启动的印太经济框架为重点,分析美国、欧盟是如何在地缘政治上就供应链安全与弹性、出口管制、数字经济等议题进一步协调印太地区经济体,实现上述目的的。

第一章　协调单边行动举措

第一节　国别(组织)的单边行动

一、美国

2021 年,美国围绕其印太战略出台了多个重大政策及立法性文件,彰显了其重构印太地区政治、经济与军事秩序的野心。

(一)美国的印太战略及印太经济框架

长久以来,印太战略均是美国一项重要的外交战略。从发展历史上看,美国的印太战略大致可以分为三个阶段,即奥巴马时期的"亚太再平衡"战略时期、特朗普时期的"印太战略"时期及拜登政府时期的"印太战略"升级版——印太经济框架时期。每个时期的印太战略各有侧重,反映了不同时期美国对印太地区的不同价值塑造与愿景。

自奥巴马时期起,美国就开始关注"印太"概念。尽管当时的"印太"概念尚未上升到战略和政策的高度,但在"亚太再平衡"的框架下,美国已经开始推动架构起太平洋和印度洋联动的战略工程。特朗普上任后,正式使用"印度太平洋"(Indo-Pacific)区域概念,先后通过《国家安全战略报告》《国防战略报告》《印太战略报告》等重磅文件,系统阐述了"印太战略"的基本愿景、政策框架、战略举措等内容。相比"亚太再平衡",特朗普在推进"印太战略"的过程中将其"美国优先"和单边主义原则贯穿其中,印太战略呈现出以美式理念推进的协调单边雏形。拜登继任美国总统后,则基本继承了特朗普政府的"印太战略",但又修正了特朗普时代该战略所呈现的"美国中心主义"与"核心单边主义",更为强调意识形态的引领作用,尝试通过"植根于最珍惜的民主价值观"联合盟友,构筑新的印太战略方向,并将印太战略的发展方向从"军事合作单一性"转向安全与经济"双轨并进",也正是在这一背景下,印太经济框架应运而生。

2021 年 10 月底,美国总统拜登在以视频出席东亚峰会期间首次提出,将与盟友一起共同构建印太经济框架,协调寻求共同的办法解决全球经济挑战。虽然在该峰会上,拜登并未披露更多有关印太经济框架的细节,但其明确了框架将围绕贸易便利化、数字经济与技术标准、供应链韧性、去碳化与清洁能源、基础设施、劳工标准及其他共同关心的领域的共同目标开展。而后,在同年 11 月,共同领导"印太经济框架"倡议的美国商务部部长雷蒙多和美国贸易代表戴琦在海外访问期间,进一步对拜登总统提出的印太经济框架内容进行了细化。在雷蒙多与戴琦与日本、马来西亚、新加坡、印度和韩国进行探索性会谈期间,雷蒙多表示,美国计划在 2022 年初启动制定"印太经济框架"的正式进程,并暗示该倡议将包括一系列关于供应链、数字贸易和半导体等领域的广泛伙伴关系;而戴琦则表示,印太经济框架不包含市场准入内容(关税自由化议题),而是希望利用贸易来提高世界各地的标准,如高劳工标准和高环境标准,从而抵制那些倾向于使美国及其盟友的产业流向其他地区的力量。2022 年 5 月 23 日,印太经济框架正式启动,包括澳大利亚、文莱、印度、印度尼西亚、日本、韩国、马来西亚、新西兰、菲律宾、新加坡、泰国和越南及后来加入的斐济在内,共 13 个印太地区经济体成为创始成员。

除美国在对外经贸交往上的系列举措外,在美国本土方面,美国也在积极为印太战略特别是印太经济框架描画蓝图。2022 年 2 月 11 日,拜登政府正式发布《美国印太战略》(U.S. Indo-Pacific Strategy)文件①。《美国印太战略》文件强调,让美国更牢固地扎根于印太地区的核心重点是与该地区内外的盟友、伙伴和机构进行持续和创造性的合作。同时,《美国印太战略》文件明确了五大目标,即促进印太地区在政治、海空域和新技术领域的"自由开放";基于美国的盟友伙伴关系,加强印太地区各国之间及同域外国家之间的联系;以"印太经济框架"和基础设施建设合作等驱动印太地区经济繁荣;以"一体化威慑"、军事技术创新、安全合作等方式强化印太地区安全;应对新冠肺炎疫情等非传统安全挑战,增强地区韧性。为落实上述目标,《美国印太战略》提出具体的十项行动计划,即进一步投入资源,引领"印太经济框架",强化威慑,支持东盟和印度,落实美日印澳四方安全对话机制,拓展美日韩合作,加强美国与太平洋岛国的伙伴关系,支持"良治"和开放,发展坚韧、安全且可信的新技术等。

　　与经贸相关的涉及印太经济框架的内容当然也是《美国印太战略》内容的重中之重。《美国印太战略》指出,该经济框架将帮助相关经济体利用快速的技术转型,包括在数字经济领域,并适应即将到来的能源和气候转型。美国将与合作伙伴一起努力,确保太平洋两岸的公民从这些历史性的经济变革中获益,同时深化一体化。美国将制定符合高劳工和环境标准的新贸易方式,并将根据开放原则管理数字经济和跨境数据流动,包括通过新的数字经济框架。美国将与伙伴合作,推动有弹性和安全的供应链,使其多样化、开放和可预测,同时消除障碍,提高透明度和信息共享。美国和盟友将在去碳化和清洁能源方面进行共同投资,并在2023年美国的东道主年及以后,在亚太经济合作组织(APEC)框架下努力促进自由、公平和开放的贸易和投资。另外,美国还将加倍致力于帮助印太伙伴缩小该地区的基础设施差距。通过美国与七国集团伙伴的"建设更美好的世界"倡议,美国将为该地区的新兴经济体配备高标准的基础设施,使它们能够增长和繁荣,同时在太平洋两岸创造良好的就业机会。在此过程中,美国将促进有弹性和安全的全球电信,重点关注5G供应商的多样化和开放式无线接入网络(O-RAN)技术,并寻求一个有良好条件的电信供应市场,以允许新的、值得信赖的进入者。美国还将与那些在制定21世纪经济活动规则方面发挥主导作用的区域经济伙伴并肩作战。

　　(二)与印太战略相关的法案

　　在美国通过外交及各种公开场合逐步析出印太经济框架相关内容的同时,美

---

① White House, Indo-Pacific Strategy, 2022,https://www.whitehouse.gov/wp-content/uploads/2022/02/U.S.-Indo-Pacific-Strategy.pdf.

国亦在 2021 年启动的各种综合性法案中通过对地区战略内容的具体搭建进一步完善印太战略,特别是印太战略经贸内容的雏形。2021 年,美国国会提出了系列全面提升美国全球竞争力的法案,包括《2021 年战略竞争法案》①《2021 年美国创新与竞争法案》②和《2022 年美国竞争法案》③,各法案均有相当部分内容涉及美国印太战略的方针。

三部法案中涉及美国在印太地区的主张基本一致,有关印太的内容均反映在"投资联盟和伙伴关系"等章节当中。涉及印太区域方面,相关内容主要提出要强化美国应对中国挑战的外交战略,重申美国对其在印度洋—太平洋地区和世界各地的盟友和合作伙伴的承诺,并呼吁美国在国际组织和其他多边论坛中重新强调其领导地位。相关内容强调美国对盟友和伙伴的承诺,优先考虑对印度洋—太平洋地区的安全援助,并加强美国的外交努力,以应对中国在西半球、欧洲、亚洲、非洲、中东、北极和大洋洲带来的挑战。

除强调加强区域合作的重要性外,就经贸内容而言,上述三部法案又分别在数字贸易、投资安全审查、出口管制等方面指出美国应与盟友进一步进行协调。其中,在数字贸易领域,三部法案均强调要加强美国与东盟之间的合作关系,在美国与东盟间建立"数字技术贸易联盟",与东盟国家就中国技术问题展开合作,共同分析过度依赖中国技术设备的风险,同时,美国与其盟国及合作伙伴要进一步强化数字基础设施建设合作,鼓励及协助 5G 通信技术及基础设施的发展,建立美国国务院技术合作办公室,进一步扩大美国在上述领域国际标准化组织上的领导权;在投资安全审查领域,三部法案要求合作审查辨别中国在战略技术和关键基础设施方面的投资,并就中国监视技术的进口限制开展合作;在出口管制领域,三部法案均指出,美国和欧盟在出口管制方面的合作机制已经非常成熟,这意味着美国可以与欧盟合作实施《出口管制改革法案》,"并努力使该法律法规与欧盟优先事项保持一致",提出美国应考虑"建立一个类似于多边出口管制协调委员会的机构,专门负责协调美国和欧盟敏感技术对中国的出口"。

二、欧盟

在美国推出有关印太战略经贸内容的同时,2021 年,欧盟也基于其自身利益

① Strategic Competition Act of 2021,S.1169,2021.
② United States Innovation and Competition Act of 2021,S.1260,2021.
③ America COMPETES Act of 2022,H.R.4521,Jan. 25,2022.

与全球战略发展,就印太地区的战略问题制定了相关战略性文件。2021 年 9 月 16 日,欧盟正式推出共同通讯文件(Joint Communication)《欧盟印太合作战略》(The EU Strategy for Cooperation in the Indo-Pacific)①。其是继 2021 年 4 月 19 日,欧盟理事会通过《欧盟印太合作战略决议》(Council conclusions on EU Strategy for cooperation in the Indo-Pacific)②后,由欧盟委员会和外交与安全政策高级代表推出的另一份重量级文件。这标志着欧盟官方的整体性"印太战略"正式出炉。

《欧盟印太合作战略》明确,要以七个领域为重点全面推行"印太战略",包括可持续和包容的繁荣、绿色转型、海洋治理、数字治理与伙伴关系、互联互通、安全防御和人类安全。其中,就与经贸密切相关的议题,欧盟为进一步落实其"印太战略"提出了一系列具体行动,相关行动主要包括以下十个方面。

(1) 在伙伴关系与合作协定方面,与马来西亚和泰国签订伙伴关系和合作协定;开始与马尔代夫的伙伴关系和合作协定谈判,并使欧盟即将与非洲、加勒比和太平洋地区签订的伙伴关系和合作协定取得全面成果。

(2) 在供应链方面,欧盟将通过贸易和经济关系的多样化,以及制定符合欧盟价值观和原则的技术标准和法规,与印太地区的伙伴合作建立更有弹性和可持续的全球价值链。以半导体为例,欧盟将与日本、韩国等伙伴进行合作,以解决其对进口半导体供应的战略依赖。

(3) 在贸易谈判方面,完成欧盟与澳大利亚、印度尼西亚和新西兰的贸易谈判;恢复与印度的贸易谈判并开始投资谈判;完成与东非共同体的经济伙伴关系协定;评估与马来西亚、菲律宾和泰国恢复贸易谈判的可能性,以及最终与东盟进行区域间贸易协定的谈判;还将继续与没有贸易和投资协定的伙伴。

(4) 在气候方面,与有意愿和有抱负的印太伙伴缔结绿色联盟和伙伴关系,以对抗气候变化和环境退化。

(5) 在渔业方面,加强印太地区的海洋管理,包括加强欧盟对印太国家渔业管理和控制系统的支持,打击非法、未报告和无管制的捕捞活动,以及实施可持续渔业伙伴关系协议。

(6) 在数字经济方面,扩大与印太伙伴的数字伙伴关系网络,以及探索新的数

① European Commission, Joint Communication to the European Parliament and the Council: The EU Strategy for Cooperation in the Indo Pacific, Sep. 16, 2021, https://ec.europa.eu/info/sites/default/files/jointcommunication_indo_pacific_en.pdf.

② European Council, Council Conclusions on EU Strategy for Cooperation in the Indo-Pacific, Apr. 19, 2021, https://data.consilium.europa.eu/doc/document/ST-7914-2021-INIT/en/pdf.

字伙伴关系协议(Digital Partnership Agreements)的可能性。在初始阶段,探索与日本、韩国和新加坡就数字伙伴关系协定进行谈判的可能性。这些协议将加强对人工智能等新兴技术的合作和标准的互操作性。这些协议将使数据治理、可信流动和基于数据的创新方面的合作更加深入,并将补充 WTO 电子商务谈判。印度、印度尼西亚、斯里兰卡和泰国等伙伴已经通过或正在制定现代数据保护法,这有可能为未来的充分性谈判铺平道路。

(7) 在研究和创新方面,在"欧洲地平线"(Horizon Europe)①计划下加强研究和创新方面的合作;探索将澳大利亚、日本、韩国、新西兰和新加坡等符合条件的志同道合的印太伙伴纳入这一计划。

(8) 在互联互通方面,加快实施与日本和印度的互联互通伙伴关系(Connectivity Partnerships);支持合作伙伴建立适当的监管环境,并促进调动必要的资金,以改善欧洲和印太之间的实地连接。

(9) 在军事方面,探讨如何确保欧盟成员国加强海军部署,以帮助保护印太地区的海上交通线和航行自由,同时提高印太伙伴确保海上安全的能力。

(10) 在流行病防治方面,加强对印太地区最不发达国家的医疗保健系统和疫情准备的支持,在欧洲地平线研究计划的背景下加强对传染病的合作研究。

除此之外,欧盟还将人权议题纳入欧盟印太战略的一部分。欧盟强调,将继续使用其掌握的所有工具保持对人权和民主的捍卫、政治和人权的对话和协商、贸易优惠以及将人权考虑纳入欧盟所有政策和方案的主流。同时,欧盟指出,其将继续使用其限制性措施(制裁)制度来对世界范围内负责或参与严重侵犯人权行为的个人、实体和机构进行制裁。

第二节　竞争性区域行动

除通过自身政策与立法进一步推动其印太战略外,2021 年,美国又逐步形成了美欧关于印太事务的高级别磋商会议、美日印澳四方安全对话机制及美日韩三方会谈为核心的印太战略沟通平台,以进一步丰富印太地区经贸领域的繁荣与发展。

---

① "欧洲地平线"计划是欧盟研究和创新的主要资助计划,预算为 955 亿欧元。

一、美国—欧盟

2021年12月3日,美国副国务卿温迪·R.谢尔曼和欧洲对外行动署秘书长斯特凡诺·桑尼诺在华盛顿主持了首次美欧关于印太事务的高级别磋商会议。

美欧双方回顾了各自在印太的参与和战略。双方重申打算与合作伙伴共同努力,支持自由开放的印太地区。双方指出,要以法治和民主价值观为基础,助力该地区的稳定、安全和可持续发展。美国和欧盟在基于共同价值观和利益的基础上,要加强与印太地区合作伙伴的合作以及支持基于规则的多边框架具有共同的战略利益。双方重申东盟中心地位的重要性,支持强大和独立的东盟。

美欧双方确认了在印太参与方面进行协调的共同目标,并确定了可能的优先合作领域和近期合作主题,例如应对气候危机(包括预防和快速应对自然灾害)、公共卫生和疫情应对和准备(包括支持COVAX、推进全球卫生安全和支持国家卫生保健系统)、航行自由和海上安全、人权、国际劳工组织定义的核心劳工标准(包括解决童工问题的标准)、良好治理、基础设施、关键和新兴技术、网络安全和打击虚假信息。美国和欧盟共同关心该地区的安全、稳定和可预测性,包括根据1982年《海洋法公约》所反映的国际法的航行和飞越自由。

美国副国务卿谢尔曼和秘书长萨尼诺认识到印太地区合作伙伴的重大基础设施发展需求。其回顾了拜登总统、冯·德莱恩主席和米歇尔主席在2021年美欧峰会上及在《联合国气候变化框架公约》第26次缔约方会议(COP26)期间所表达的意图,即加强在可持续连接、高质量基础设施方面的合作,并通过基础设施发展应对气候危机。

美欧双方重申了美国和欧盟的目标,即促进包括数字基础设施在内的高标准、透明、有弹性和可持续的基础设施发展,并促进绿色转型。作为该目标的一部分,它们重申美国和欧盟对在印太地区建立吸引私人和公共投资的透明、可持续和公平的监管和政策环境的共同兴趣。它们表示打算交流最佳做法,并确定美国、欧盟、区域和多边现有基础设施倡议之间的互补领域,包括美国的"重建更美好世界"(Build Back Better World,B3W)倡议和欧盟的"全球门户"(Global Gateway)。

二、美日印澳四方安全对话机制

2021年3月12日,美国总统拜登与日本首相菅义伟、印度总理莫迪和澳大利亚总理莫里森举行了四方安全对话机制下的首次领导人会晤。白宫发言人表示,此次会晤说明了美国重视与盟友及伙伴在印太地区的紧密合作。美国国家安全顾问沙利文表示,"四方安全对话"是"印太政策"的基础。会后,美日印澳四方发表了《联合声明》。《联合声明》指出,美国、日本、印度和澳大利亚致力于共同努力,应对我们面临的共同挑战,确保印度洋—太平洋地区的自由和开放。在疫情威胁、经济合作和气候危机等领域,四国将推进关键技术和新兴技术方面的工作,推动供应链合作,联合技术部署,并推进共同技术原则。

而后,2021 年 9 月 24 日,美国总统拜登、印度总理莫迪、日本首相菅义伟和澳大利亚总理莫里森,在白宫举行"四方安全对话"机制首次面对面领导人峰会。会上,四方安全对话机制领导人集中讨论深化彼此关系,推动抗击新冠肺炎疫情、处理气候危机、在新兴科技和网络空间合作等领域的切实合作,促进自由开放的印度洋—太平洋地区。其中,在新冠肺炎疫情和救援方面,会后的联合声明指出,成立"四方安全对话"疫苗专家组,负责建立强有力的联系,并更好地调整计划,以支持印度—太平洋的卫生安全和新冠肺炎疫情应对措施。在处理气候危机方面,四方正在开展适合本国国情的部门去碳化工作,包括旨在实现航运和港口业务去碳化及部署清洁氢气技术的工作。四方将合作建立负责任和有弹性的清洁能源供应链,并将加强抗灾基础设施联盟和气候信息系统。"四方安全对话"国家将共同努力,争取在 COP26 和二十国集团会议上取得成功,坚持这一时刻所需的气候雄心和创新水平。新兴科技和网络空间方面,四方已通过建立合作,确保技术的设计、开发、管理和使用方式是由共同价值观和对普遍人权的尊重所决定的。四方正在推进安全、开放和透明的 5G 和 5G 以外网络的部署。认识到政府在促进 5G 多样化的有利环境方面的作用,四方将共同促进公私合作,并在 2022 年展示基于标准的开放技术的可扩展性和网络安全。

三、美日韩

与日本方面,2021 年 3 月 16 日,美国国务卿布林肯和国防部长奥斯汀访问日本,与日本外相茂木敏充和防卫大臣岸信夫举行"2 + 2"会谈,取得美国和日本对"自由开放的印太地区"的愿景是一致的、美日同盟仍是印太地区和平、安全与繁荣的基石等共识。2021 年 4 月 15 日,日本首相菅义伟访问白宫,两国首脑会晤后发表《美日联合声明》,双方同意通过启动"美日竞争力和坚韧的伙伴关系"来进一步加强两国之间的联盟。并将"同盟打造自由开放的印度洋—太平洋"放在重要位置,表示在加强美日同盟的同时,还将在印太地区采取相同立场。面对中国于区域内的军事及经济"扩张活动",美国将在印太地区不断强化其安全配置。美国认为要因应中国的挑战,最重要的是以美日同盟为核心机制,强化美日关系,并扩大合作范围。

与韩国方面,2021年3月17日,美韩双方也"决定在印太地区实现共同繁荣和稳定"。2021年5月,韩国总统文在寅访美,共同发布的《美韩联合声明》中虽未言明韩国加入"四方安全对话",但也承认"四方安全对话"在印太地区发挥的重要作用。

第二章　中国的立场与回应

"印太"是西方经济体近年来其中一个最为重要的地缘政治概念①,无论是美国的"印太经济框架"还是欧盟的《欧盟印太合作战略》,两者均代表了以美国、欧盟等发达经济体对印太区域经贸发展的重视,也反映了美国与欧盟试图通过整体性战略的协调,重构印太地区政治、经济、军事秩序的决心。

自 1953 年 12 月周恩来总理在与印度谈判中首次提出"和平共处五项原则"以来②,以"互不干涉、平等互惠"等为核心的和平共处原则就构成了中国对外交往特别是经贸交往中的重要基石。改革开放以来,中国顺应经济全球化趋势,不断扩大对外开放,在平等互利的基础上积极同世界各国开展经贸合作。中国坚持不分大小、贫富,与所有贸易伙伴发展务实合作和互利共赢的经贸关系。③加入世界贸易组织以来,中国始终倡导通过加强合作、平等对话和协商谈判来解决国际贸易中的问题。中国旗帜鲜明反对单边主义和保护主义。④

作为亚洲大国,中国与印太地区,特别是东盟国家之间有着数千年源远流长的友好关系、山水相连的地缘空间及血脉相通的人文交流历史。长久以来,中国也十分注重与印太地区国家积极发展双边及诸边经贸关系,并在"人类命运共同体"倡议下进一步推进与印太地区经济体之间更为友好及长久的经贸关系。例如,一直以来,中国积极参与亚太经济合作组织、东盟与中日韩(10 + 3)领导人会议、东亚峰

①　作为地缘政治概念,"印太"主要指扩大的亚太,而传统上亚太则主要是指东亚和西太平洋地区,不包括南亚、中亚和西亚。"印太"将"亚太"所不具备的两个主题,即印度洋和印度包含进来,但当前"印太"目前时常与"亚太"一词混用,其概念仍处于演化之中。参见赵青海:《"印太"概念及其对中国的含义》,《现代国际关系》,2013 年第 7 期。

②　《和平共处五项原则》,人民网,2019 年 12 月 17 日,http://politics.people.com.cn/n1/2019/1217/c430312-31509690.html。

③　《中国的对外贸易白皮书》,中央政府门户网站,2011 年 12 月 7 日,http://www.gov.cn/zhengce/2011-12/07/content_2615786.htm。

④　《中国与世界贸易组织白皮书》,新华社,2018 年 6 月 28 日,http://www.gov.cn/zhengce/2018-06/28/content_5301884.htm。

会、中非合作论坛、大湄公河次区域经济合作、中亚区域经济合作、"大图们倡议"（GT1）等区域和次区域经济合作机制。中国始终坚持"与邻为善、以邻为伴"方针，与周边国家和地区建立和发展多种形式的边境经济贸易合作。又如，自1991年中国与东盟正式开启对话进程以来，中国与东盟的经贸合作关系在三十年中稳步跃升，中国—东盟自由贸易区建设实现了从1.0到3.0的飞跃。再如，2022年1月1日正式生效的《区域全面经济伙伴关系协定》，又将中国与包括东盟成员、日本、韩国等印太地区国家在经贸关系上更牢固地捆绑在一起。

因此，正如2022年5月25日外交部记者招待会上中国外交部发言人汪文斌所指出的："亚太地区是和平发展的高地，不应成为地缘博弈的棋局。真正有利于地区发展的任何倡议，还是应当符合开放包容、互利共赢的原则，而不是人为设障、筑墙，制造分裂对抗，这也是地区国家的普遍诉求。"①同印太地区国家一道践行真正的多边主义，构建开放型地区经济，共同建设美好的亚太家园，毫无疑问，也将会成为中国日后处理与印太地区经济体关系的准则。

---

① 《外交部：印太经济框架扰乱地区合作，是胁迫地区国家的工具》，央视网转自澎湃新闻，2022年5月25日，https://news.cctv.com/2022/05/25/ARTIftXrZADtt4dqNVB28o7S220525.shtml。

第三章 美国印太经济框架反映的
趋势与造成的影响

一直以来,印太地区均在美国全球战略中处于重要地位。鉴于当前欧盟发布的印太战略内容较为框架性,美欧关于印太事务的高级别磋商会议、美日印澳四方安全对话机制及美日韩三方会谈等又较为原则性,而美国所推动的印太经济框架则发展迅猛,多有创新,故美国当下所着力推进的印太经济框架可能对印太地区的经贸发展产生更为重要与长远的影响。

美国印太经济框架由一个主框架与四个关键议题支柱组成。四大关键议题支柱主要包括以下内容。(1)互联经济:在贸易方面,美国将与其合作伙伴就广泛的问题进行全面接触。在数字经济领域推行高标准的规则,包括跨境数据流动和数据本地化的标准,同时解决诸如在线隐私及歧视性和不道德地使用人工智能的问题;在劳工和环境标准领域寻求强有力的标准以及企业问责条款,通过贸易为工人促进(待遇或环境的)竞争。(2)有弹性的经济:推进有弹性和安全的供应链,使其具备多样性、开放性和可预测性,更好地预测和预防供应链中断;通过建立早期预警系统,绘制关键矿物供应链图,提高关键部门的可追溯性。(3)清洁经济:寻求对清洁能源、去碳化和基础设施的首创承诺,促进高薪就业;追求具体的、雄心勃勃的目标,以加快解决气候危机的努力,包括在可再生能源、脱碳、能源效率标准和防治甲烷排放的新措施。(4)公平经济:制定和执行有效的税收、反洗钱和反贿赂制度,使之与美国及其伙伴现有的促进公平竞争的多边义务相符,以加强打击腐败的努力。①

---

① Fact Sheet: In Asia President Biden and a Dozen Indo-Pacific Partners Launch the Indo-Pacific Economic Framework for Prosperity, May 23, 2022, https://www.whitehouse.gov/briefing-room/statements-releases/2022/05/23/fact-sheet-in-asia-president-biden-and-a-dozen-indo-pacific-partners-launch-the-indo-pacific-economic-framework-for-prosperity/.

值得注意的是,现有资料①显示,与以往美国构筑双边或诸边经贸关系所采用的模式不同,印太经济框架将由美国贸易谈判代表戴琦及商务部部长雷蒙多共同主持框架的实质工作,并在形式与内容上呈现出以下三大特点。

第一,以非自由贸易协定方式缔结,分模块化运作,形式上更为灵活与自由。已经公布的资料显示,美国印太经济框架将不会是一个自由贸易协定,其极有可能以行政协定的方式予以落实。具体内容上,框架下的每一个模块均有各自相应的原则和具体目标,并且在缔约方的加入上如同《数字经济伙伴关系协定》(Digital Economy Partnership Agreement, DEPA)般自由与灵活:一方面,认可印太经济框架初始框架的国家不一定需要参与到每个模块中;另一方面,没有认可初始框架的国家又可以参加到特定的模块中。同时,模块的推进速度也将根据加入国家的不同而有所差异。上述特性,有利于印太经济框架摆脱美国传统经贸协定缔结方式所带来的冗繁(根据美国当前法律建制,条约或诸如依条约授权缔结的行政协定或是或国会—行政协定是需要美国国会通过的),有利于美国总统(行政机关)高效推进印太经济框架以实现印太战略,同时也有利于更多的印太贸易伙伴加入。

专栏 6-1

印太经济框架的行政协定本质有利于美国经贸政策的高效推进

根据美国当前法律建制,美国对外具有法律拘束力的法律文件主要分为条约和行政协定两大类。条约规定在美国《宪法》第 2 条第 2 款中,缔约权由总统和国会共同行使。其中,总统有权缔结条约,但须争取参议院的意见和同意,并需出席参议员 2/3 以上人赞成。而行政协定(Executive Agreement)则是一个区别于美国宪法第 2 条规定的条约(Treaty)的概念。其是对美国缔结的没有寻求参议院 2/3 以上意见或同意的国际协定的统称。经过多年实践,行政协定已占据美国缔结的国际协定的绝大多数,并根据其缔约程序又可以划分为以下依条约授权缔结的行政协定、国会—行政协定及总统行政协定三类。

具体而言,依条约授权缔结的行政协定是指美国总统可以根据一项先定条约的授权进一步缔结行政协定。美国的判例法认为,宪法第 2 条已经明示或隐含地授权缔结行政协定,但是据此缔结的行政协定,其调整范围不得突破条约的

---

① Inside U.S. Trade, Bianchi: IPEF Participants Can Join by Pillar; U.S. will Look for "Early Harvests", Apr. 5, 2022; also, Inside U.S. Trade, Tai: IPEF Dispute Settlement Part of Ongoing Evolution, Likely to Include Penalties, Jun. 6, 2022.

范围。此类行政协定与条约具有相同的法律地位,高于与之不一致的州立法,并可以推翻之前缔结的与之冲突的条约或联邦法令。而国会—行政协定则是指总统在事前或事后获得国会两院(参议院和众议院)过半数同意缔结的行政协定。国会授权可以写在立法中,也可以通过国会两院的共同决议作出。与条约的区别在于,国会—行政协定需要征询整个国会的同意,而不仅是参议院;另外,其仅需要国会过半数同意,而不是 2/3 以上同意。此类行政协定最常用于国际贸易领域。绝大多数行政协定属于国会—行政协定。

最后,总统行政协定是指无须征得参议院或国会同意,完全基于宪法赋予总统的权力缔结的行政协定。当协定所涉事项完全属于独立的总统权力时,总统就有权缔结总统行政协定。

正是上述总统行政协定的本质,造就了美国总统对外缔结的行政协定所享有的不同于条约或诸如依条约授权缔结的行政协定或是或国会—行政协定,需要美国国会参众两院的批准方能生效(例如《美国—新加坡自由贸易协定》规定,"协定的生效必须待双方完成国内缔结协定(条约)的程序")的独特优势。这也就有利于美国总统高效推进其整体经贸战略。

第二,印太经济框架将不涉及关税减让与市场准入问题,但在与全球经贸相关的若干新议题与国内监管上施以浓墨重彩。已经公布的资料显示,印太经济框架将不会通过削减关税或其他优惠措施让亚洲国家更广泛地进入美国市场,但其会设定高标准的规则,以提高参与各方之间的互操作性和竞争力,重点关注诸如供应链韧性、劳工标准、环境保护、数字经济及基础设施等内容,并积极探索如何制定区域贸易规则和解决监管问题。

第三,创新运用精准规制企业的"执行机制",压实供应链企业"问责制",实现跨国企业全球布局调整。已经公布的资料显示,美国印太经济框架的执行机制将参考《美国秘鲁贸易促进协定》伐木附件(logging annex)的争端解决机制以及《美国—墨西哥—加拿大贸易协定》下设立的"针对特定设施的快速反应劳工机制"。与美国自由贸易协定中传统的执行机制更侧重于对更广泛的全国性或全行业进行惩罚不同,上述两个机制直接对违反协定义务的企业进行惩罚或制裁,一定程度上彰显了美式自由贸易协定执行机制发展的新趋势,也贯彻了美国拜登政府更新贸易工具的相关主张。长远而言,其将有助于美国在对跨国企业高举"胡萝卜"的同时实现"大棒"的精准打击,体现对全球跨国企业的相关问责,并最终达致美国对跨国企业进行全球布局调整的目标。

当前,美国印太经济框架尚未完全成型,相应的制度性落实亦需要一段时间。现有资料显示,印太经济框架可能将在两年内予以完全落实。其一旦落实,将可能对全球经贸规则治理及中国的经贸发展产生如下三个方面影响。

第一,协定缔结范式转变进一步推动以美国为首的全球经贸规则重构"协调单边"主义落地。印太经济框架以美式行政协定范式为基本构筑基础,以模块化内容选择为具体构建的方案,进一步提升了国际经贸规则重构中对规则重塑的效率性。相较于传统的自由贸易协定或者双边投资协定,行政协定与模块化选择结合的范式更为符合当前美国推进整体经贸战略的需求,为美国与印太地区伙伴国强化贸易投资关系提供更为灵活、多样与方便的路径选择。

第二,进一步对中国与印太地区国家之间的跨境数据治理提出挑战。数字经济全球化下,由于经济发展、技术水平和文化价值观等差异,各经济体对数据跨境流动的监管理念、态度、方式存有不同,形成了数据跨境流动的监管裂痕,并由此分别产生了以美国、欧盟及中国为主的三种数字监管模式。印太经济框架明确,将根据开放原则管理数字经济和跨境数据流动,体现了美国进一步整合与统一印太地区数字监管领域、以共同价值观与利益协调数字经济发展领域"第三世界"的重大战略雄心,是美国以"民主价值观"为标准推动"可信数据自由流动"战略在印太区域的进一步表现。

第三,进一步强化关键供应链、人权、劳工和环境等与贸易相挂钩议题的"去中国化",进一步对冲中国因 RCEP 生效所带来的制度性红利。美国印太战略目标经济体可能会进一步涵盖中国 RCEP 自贸伙伴及印度和蒙古国等重要贸易伙伴,上述经济体在中美两国对外贸易中均占有重要地位。尤其自 2018 年以来,在以中美贸易摩擦为代表的全球经济再平衡的过程中,中美两国与印太区域经济体间的供应链紧密度愈加密切,2021 年印太区域分别占中美两国对外贸易总额的 38.6% 和 22.4%,其中 RCEP 成员的占比达到 30.9% 和 17.4%。因此,美国印太战略的实施将有利于其加强与中国主要贸易伙伴间的供应链往来,对中国进一步深化与 RCEP 等重要贸易伙伴的产业链、供应链和价值链的融合进程带来挑战和压力。

后　记

本报告是中心全球贸易投资与产业运行监控团队 2022 年度监控工作的集中展现。报告年度选题和整体架构的确定，以及最终定稿在中心理事长王新奎教授的指导下完成，具体内容的撰写分工如下：

前言：伍穗龙、谈茜

第一部分：伍穗龙、阮淑慧、张瑜敏、徐丽青

第二部分：王丹（中国浦东干部学院）

第三部分：梅盛军、张泓

第四部分：杨洁

第五部分：林惠玲、常丽娟

第六部分：伍穗龙、侯佩尧

专栏部分：谈茜、徐丽青、林乔影、周可、伍穗龙、石少卿

本报告的统稿工作由黄鹏、伍穗龙同志完成。吴潇一、管颖、张晓朋、刘慧等同志对报告重点信息来源与内容进行了认真核对，张颖、霍晓璐、邹家阳、王婧祎、付毅、秦蔚、孔祥飞、施皓文等同志对专栏部分的数据和信息给予了支持，上海图书馆任晓波先生给予了充分的信息支撑，中心其他同志均在不同场合为本报告的撰写提供了帮助。

上海 WTO 事务咨询中心

2022 年 6 月 12 日

图书在版编目(CIP)数据

2022年全球贸易投资与产业运行监控报告:全球经
贸治理体系重构中的"协调单边主义"/上海WTO事务咨
询中心著.—上海:上海人民出版社,2022
ISBN 978-7-208-18024-6

Ⅰ.①2… Ⅱ.①上… Ⅲ.①国际贸易-国际投资-
研究报告-2022 Ⅳ.①F74

中国版本图书馆CIP数据核字(2022)第203370号

责任编辑 王 吟
封面设计 陈 楠

2022年全球贸易投资与产业运行监控报告
——全球经贸治理体系重构中的"协调单边主义"
上海WTO事务咨询中心 著

出　　版　上海人氏出版社
　　　　　(201101　上海市闵行区号景路159弄C座)
发　　行　上海人民出版社发行中心
印　　刷　上海景条印刷有限公司
开　　本　720×1000　1/16
印　　张　11
插　　页　2
字　　数　175,000
版　　次　2022年12月第1版
印　　次　2022年12月第1次印刷
ISBN 978-7-208-18024-6/F·2786
定　　价　48.00元